KB233133

바르게 산다는 것의 의미

Do the Right Thing

DO THE RIGHT THING: Living Ethically in an Unethical World
by Thomas G. Plante
Copyright©2004 by New Harbinger Publications, 5674 Shattuck Ave., CA 94609
All rights reserved

Korean translation copyright©2006 by EIN books
This Korean edition published by arrangement with New Harbinger
Publications, Inc., Oakland, California through KCC(Korea Copyright Center,
Inc.), Seoul.

이 책의 한국어판 저작권은 (주)한국저작권센터(KCC)를 통한 저작권자와의 독점계약
으로 아인북스에 있습니다. 저작권법에 의해 한국 내에서 보호를 받는 저작물이므로
무단 전재와 복제를 금합니다.

바르게 산다는 것의 의미

초판 제2쇄 인쇄 2008년 9월 8일
초판 제2쇄 발행 2008년 9월 12일

지은이 토머스 G. 플랜트
옮긴이 서덕회
펴낸이 윤영진

펴낸곳 아인북스
등록번호 제305-208-00019호
주소 서울특별시 동대문구 신설동 29-1 신설빌딩 307호
전화 02-926-3018
팩스 02-926-3019
Http://blog.naver.com/bookpd
E-mail : 365book@hanmail.net

ISBN 89-91042-14-7   03320
값 10,500원

윤리적 선택의 기로에서, 당신이라면?

바르게 산다는 것의 의미

토머스 G. 플랜트 지음 | 서덕회 옮김

아인북스

언제나 바르게 살도록 가르치고 영감을 주셨던
어머니와도 같은 나의 할아버지
고(故) 헨리 조지 맥코믹 님께 바칩니다.

"늘 바르게 살아라"

내게는 어머니와 같았던 할아버지 헨리 맥코믹은 1993년 1월 1일 아흔두 살의 나이에 심장마비로 돌아가셨다. 돌아가시기 며칠 전 로드아일랜드의 양로원으로 할아버지를 찾아갔던 때가 생각난다. 그 만남이 마지막이 될 수 있다고 생각하셨는지, 내가 떠나려고 할 때 할아버지께서는 세 가지 요청이 포함된 유언을 남기셨다.

첫째는 "할머니를 잘 돌보아라."였다. 아흔둘이 되신, 할아버지와 70년을 함께해오신 할머니도 같은 양로원에 계셨는데, 할머니는 상대적으로 건강상태가 양호하셨다. 두 번째 요청은 "성모 마리아께 기도하라."였다. 할아버지는 매일 미사에 참석했던 독실한 가톨릭 신자셨다. 그리고 할아버지의 세 번째 요구는 "늘 바르게 살아라."였다. 할아버지는 바르게 사는 것이 결국 자신에게 평화를 가져다준다는 것을 잘 알고 계셨던 것이다.

임상심리학자이자 윤리학 강의를 가르치는 대학교수로 수십 년을 살아오면서 나는 삶을 최선으로 살아갈 방법을 고민하는 것이 많은 이들에게 도움이 된다는 것을 확신하게 되었다. 처음부터 비윤리적인 결정을 내리려는 사람은 없다. 한편, 착한 사람들도 나쁜 결정을 내리는 경우는 적지 않다. 교회나 공동체들의 영향력이 줄어들면서 이 영역에서 좀더 많은 지침이 필요하게 된 것 같다.

나는 윤리적 딜레마를 사고하는 방법을 개발했고, 내담자들과 학생들, 동료들에게 그 방법을 활용하게 해본 결과 도움이 된다는 것을 확인할 수 있었다. 그런 경험이 바로 이 책의 영감이 되었다. "바르게 살아라."라는 할아버지의 당부는 바른 일에 대해 사고하고 그 열매를 사람들과 함께 나누는 동기를 주었다.

윤리적 결정은 삶에서 우리가 마주치는 많은 문제들에 대한 합리적 접근법이다. 정보에 근거하여 윤리적 삶의 길을 따르면 만족스러운 삶을 영위할 가능성이 커지며, 자신이 바르게 살고 있다는 사실을 인식함으로써 평안을 얻을 수 있게 될 것이다.

토머스 G. 플랜트

이 책은 해야 한다거나 해서는 안 된다는 식의 원칙을 얘기하고 있지 않다. 윤리적인 결정을 내리지 못하는 데 대해 죄의식을 심어주려고 하지도 않는다. 이 책은 어떻게 하면 윤리적 결정을 잘 내릴 수 있을까에 대한 연구들에 기초하여 각종 사례를 통해 윤리적 결정에는 어떤 선택의 여지들이 있는지를 살펴본다. 그리고 윤리적 결정을 잘 내릴 수 있도록 자신의 사고를 걸러볼 수 있는 몇 가지 윤리 원칙들을 중점적으로 살펴볼 것이다. 이 책에는 답이 명백하지 않고 때로는 모순적인 결론이 도출될 수 있는 윤리적 딜레마들도 꽤 소개될 것이다.

나는 심리요법을 실천하면서 내담자들의 윤리적 결정에 도움을 주려고 고심하는 임상심리학자다. 심리 상담은 사람들이 자신의 가슴에 담긴 이야기를 솔직하게 털어놓는 자리이며, 매일같이 접하는 다루기 힘든 윤리적 딜레마를 바라보는 창이 된다. 또한 나는 산타클라라 대학 심리학과 학생들, 스탠퍼드 대학에서 심리학과 정신의학을 전공하는 대학원생들, 인턴들, 박사후과정 학생들, 북부 캘리포니아의 정신 건강 전문가들에게 윤리학을 가르쳤다. 이런 경험을 통해서 나는 사람들이 일상의 윤리적 문제들을 어떻게 극복하는가를 잘 이해하게 되었다. 그리고 그런 경험과 이해를 바탕으로 이 책을 쓰게 되었다.

읽을 때는 유용하다고 느끼지만 다 읽고 나면 그 내용을 실행하기 힘든 책들도 많다. 그러나 이 책은 다 읽고 난 후에 책의 내용을 실생활에 접목할 수 있는 방법에 초점을 두고 있다. 윤리적 결정을 제대로

내리는 데 도움을 주는 따라하기 쉽고 기억하기 쉬운 단계별 접근법
을 활용하고 있으며, 독자들에게 실용적인 도움이 되도록 고안된 수
많은 사례들과 연습문제들이 포함되어 있다.

　물론 이 책을 다 읽었다고 해서 항상 윤리적 결정을 잘 내릴 수 있는
것은 아닐 것이다. 그러나 일상적으로 일어나는 윤리적 문제들을 좀
더 잘 이해하게 될 것이며, 그것들을 해결할 합리적이고 실질적인 지
침을 얻게 될 것이다.

Introduction에서는 어떻게 사는 것이 바르게 사는 것인지, 윤리적으로 사는 것이 어리석은 일인지 등의 질문을 통해 바르게 산다는 것에 대해 문제 제기를 할 것이다.

Chapter 1 '윤리에 대한 다양한 접근방식들'에서는 윤리적 결정에 대한 아홉 가지 접근법을 상세히 설명할 것이다. 윤리적 결정에 대한 접근법은 다양하며, 각 접근법은 서로 다른 해답에 이르게 한다는 사실이 부각될 것이다. 그 다음에는 윤리적 결정을 내리는 5단계 과정을 소개할 것이다.

Chapter 2 '바른 삶을 위한 다섯 가지 원칙'에서는 윤리적 결정을 잘 내리는 바른 삶을 위해 지침으로 삼을 수 있는 윤리 원칙 다섯 가지를 소개할 것이다.

Chapter 3에서 7까지는 Chapter 2에서 소개한 다섯 가지 윤리 원칙을 각각 심도 있게 살펴볼 것이다. 각 원칙들이 일상의 윤리적 결정에 어떻게 적용될 수 있는지, 그 가치는 무엇인지를 이해할 수 있을 것이고, 일상의 결정들과 다른 이들과의 상호작용에서 마주치는 윤리적 문제들에 더욱 민감해질 수 있을 것이다.

Chapter 8 '윤리 근육 키우기'는 이 책을 놓고 난 후에도 어려운 결정을 내릴 수 있도록 어떻게 윤리 근육을 키울 것인가에 초점을 둔다. 이 장은 좋은 윤리적 결정을 내릴 때 생길 수 있는 어려움에 대처하는 전략을 개발하는 데 도움이 될 것이다. 윤리적으로 사는 것은 어떤 점에서는 우리 자신에게 희생을 요구할 수도 있다. 부정적인 결과가 생길 때도 윤리적으로 사는 방법을 찾는 것이 윤리 근육을 키우는 데에 필요한 자세다.

마지막으로 Chapter 9 '마지막 과제들'에서는 이 책에서 배운 내용을 검토하고, 윤리적 삶을 실천하는 데 필요한 자세를 논의할 것이다.

책을 읽으면서 스스로 생각하는 것을, 그리고 '생각해봅시다'에서 제시되는 질문들을 일지에 기록해 나가기를 권한다. 일지를 꾸준히 작성하면 윤리적 결정과 관련한 중요한 개념들이 당신의 삶에 완전히 통합될 가능성이 높아진다.

INTRODUCTION

윤리적으로

사는 것이

어리석은 일일까?

어떻게 살 것인가?

'어떻게 살 것인가?' 이것은 아마도 우리가 자신에게 던질 수 있는 가장 근원적인 질문일 것이다.

다른 사람들을 어떻게 대하고 매일 매일의 삶을 어떻게 헤쳐나갈 것인가를 정할 때 우리가 은연중에 적용하게 되는 가치와 원칙은 무엇일까? 잘사는 삶이란 쾌락과 부를 추구하는 삶이라고 생각하는 사람들도 있다. 이런 사람들에게 좋은 삶이란 다른 사람은 배려하지 않고 자신에게 주어진 경험과 기회들로부터 최대한 모든 것을 얻어내는 이기적인 삶일 것이다. 그러나 좋은 삶이란 돈과 자기중심성과 쾌락 그 이상이라고 생각하는 사람들이 대부분일 것이다. 이기적인 쾌락의 추구가 궁극적으로는 공허하고 만족스럽지 못하다는 것을 많은 사람들은 잘 알고 있다(Myers, 2000). 대부분은 정직과 공정함, 성실과 사랑, 능력, 그리고 타인에 대한 관심이 진정 가치 있는 것이라고 생각한

　바르게 산다는 것의 의미

다. 돈을 더 많이 벌고 쾌락을 즐기고자 하는 사람들조차도 살 만한 가치가 있는 삶이란 그 이상의 것이라는 사실을 안다.

이 책에서 나는 윤리적 삶을 사는 것이 어떻게 궁극적으로는 좋은 삶을 사는 것인가를 보여주고자 한다.

이런 문제들을 생생하게 드러내주는 시나리오가 있다. 당신이 고위 관직 후보로 지명되었다고 생각해보자. 당신은 몹시 설레고 흥분할 것이다. 평생 그 순간을 기다려왔을 수도 있다. 그런데 갑자기 모든 사람들이 당신의 인생 이야기에 관심을 갖는다. 기자들은 당신을 오랫동안 알아온 사람들에게 당신과의 경험을 이야기해달라고 부탁한다. 그들은 초등학교 교사, 친구, 이웃, 동료는 물론이고, 알고 지낸 적이 없는데도 당신이 유명해지고 뉴스 선상에 오르내리니까 당신에 대해서 이야기하고 싶어하는 사람들까지 인터뷰의 대상이 된다. 이런 상황에서 당신은 어떻게 반응할 것인가? 공개가 되면 문제가 될 소지가 있는 말을 하거나 행동을 한 적이 있는가? 기자들이 당신이 과거에 알던 사람들을 인터뷰하는 것을 보면 당신은 화가 날까? 그 사람들은 당신에 대해서 뭐라고 말할까?

또 다른 장면을 상상해보자. 당신의 삶을 누군가가 비디오로 찍었다고 생각해보자. 짐 캐리가 주연했던 영화 〈트루먼 쇼(The Truman Show)〉를 생각하면 된다. 그런데 당신을 그다지 좋아하지 않는 어떤 사람들이 당신의 일거수일투족을 녹화한 비디오테이프에서 당신을 곤경에 빠뜨릴 수 있을 장면을 찾아내려 한다. 그리고 그 부분들을 편집하여 세상에 알리려 한다. 남들이 볼까 걱정이 되고, 드러나면 수치스러울 장면들이 있다면 어떤 것일까?

이런 시나리오들은 좋은 삶, 마음이 평화로운 삶이란 다름 아닌 윤리적으로 사는 삶이라는 것을 잘 보여준다. 윤리적인 삶이란 무척 다루기 힘든 딜레마와 결정에 맞닥뜨렸을 때에도 조화롭고 바르게 살아가는 것을 뜻한다.

어떻게 사는 것이 바르게 사는 것인가?

바른 삶이란 단순하지 않다. 바르게 살려고 하면 당장 몇 가지 질문이 떠오른다.

'바른 삶'이란 것이 있을까? 있다면, 어떻게 해야 그런 삶을 살 수 있을까? 나에게 바른 삶이란 무엇일까? 바르게 살고 싶지 않다면 어떻게 될까? 바르게 살 때 내 삶이 더 나아질 가능성은 얼마나 될까?

어려운 질문들이다. 그러나 만족스럽고 평화로운 삶을 살아가는 데 도움이 될 원칙과 전략들을 찾으려면 반드시 생각해봐야 하는 질문들이다. 완벽하지는 않더라도 답을 찾으려고 노력해야 한다. 이 질문들에 대한 답을 찾으려 노력한다면, 완벽하지는 않더라도 궁극적으로는 좀더 만족스러운 삶을 찾아나갈 준비를 갖추는 셈이 될 것이다.

사실 우리는 좋은 삶을 사는 것이 어떤 것인가에 대한 개념은 막연하게나마 이미 가지고 있다. 그리고 세상을 살아가면서 그때그때 어떻게 해야 하는가는 어느 정도 알고 있다. 충분히 생각하지 않더라도 본능적으로 답을 알고 있다. 그러나 살면서 마주치는 질문들의 답을 찾아줄 수 있는 유용한 절차를 개발한다면 결정을 더 잘 내릴 수 있을 것이고, 더 만족스러운 삶을 살아갈 가능성이 높아질 것이다.

삶은 결정의 연속이다. 크든 작든 윤리의 렌즈로 그 결정들을 면밀하게 숙고하여 바라보면 윤리적 함의가 들어 있지 않은 것이 없다. 안

락사, 낙태, 기업들의 탐욕, 복제, 사형제도와 같은 우리 시대의 중요한 사회적 이슈들에만 윤리가 관여한다고 생각하는 사람들이 있을지 모른다. 그러나 윤리는 우리가 일상적으로 대하는 수많은 삶의 결정들과 관련되어 있다.

다음은 우리가 쉽게 직면하게 되는 윤리적 질문들이다.

- 다른 사람과 사랑에 빠지면 배우자와 헤어져야 할까?
- 아이의 교육을 위해 돈을 모아야 할까, 아니면 나 자신을 위해 돈을 모아야 할까?
- 식료품을 담는 데 비닐봉지를 활용할 것인가, 종이봉지를 활용할 것인가?
- 내가 일하는 조직이 세상에 해가 되는 일을 한다고 할 때, 그 일을 내가 좋아한다고 해서 계속해도 될까?
- 상사에게서 비윤리적인 일을 하도록 명령을 받았다면 따라야 할까?
- 탈세를 하여 돈을 모을 기회를 잡아야 할까?
- 길에서 구걸을 하는 노숙자에게 돈을 주어야 할까?
- 도로에서 자동차 문제로 고생하고 있는 사람이 있다면 차를 멈추고 도와야 할까?
- 남루한 복장을 한 낯선 사람이 발작을 한 후에 구토를 하고 숨을 제대로 쉬지 못한다고 할 때, 심폐소생술을 해줘야 할까?
- 식사 청구서가 잘못 계산되어 나에게 유리하게 되었을 때 그 사실을 음식점 점원에게 말해야 할까?
- 궁핍한 생활을 하는 다른 사람을 돕기 위해 내 삶의 안녕을 위협해야 할까?

이 질문들은 우리 모두가 마주칠 수 있는 만만치 않은 결정에 관한 것들이다. 이들 질문에 당신은 어떻게 답을 할 것인가? 이러한 상황을 극복하는 데 당신은 어떤 지침을 활용할 것인가?

이 책은 살면서 직면할 수 있는 위와 같은 문제들을 해결하는 데 도움을 주기 위해 쓰였다. 개인적인 삶이든 직업적인 삶이든, 크고 작은 삶의 결정들을 내릴 때 활용할 수 있도록 다섯 가지 원칙들에 기반을 둔 단계별 의사결정 전략을 제시하려고 한다. 어려운 문제들에 대한 결정을 내리는 데 있어서 이 윤리 원칙들을 어떻게 활용할 것인가를 터득함으로써 궁극적으로 '윤리 근육'을 키우는 데 초점이 있다. 이 책은 결국 자신의 가치관과 신념에 기초하여 어떤 삶을 살아야 할 것인가에 대한 윤리의식을 키우는 데 도움이 될 것이다.

윤리적으로 사는 것이 어리석은 일일까?

항상 윤리적으로 건전한 결정을 내린다면, 인생 전반으로 볼 때 성공할 수 있을까? 윤리적으로 산다는 것은 세상물정 모르는 바보가 되는 것은 아닐까?

그렇다고 생각하는 사람들도 있다. 최근의 연구에 따르면 미국의 노동자들 중 50퍼센트에 달하는 수가 직장에서 비윤리적인 행위를 한 적이 있음을 인정했고, 비윤리적인 행위를 한 이유로 스트레스와 직업적인 압력을 받았다고 한다(윤리 관리 연합, 공인 생활 설계사와 공인 재정 관리사 미국 연합, 1997).

그렇다면 현대사회에서 윤리적으로 사는 것은 비현실적인 것일까?

현대 자본주의 문화에는 이 주제에 대해 상충하는 가치관들이 공존

하고 있다. 한편으로는 공동선(共同善)과 동정심, 그리고 이타주의를 가치 있게 여기는 것 같지만, 또 한편으로는 독립과 성공, 그리고 일류가 되는 것을 중요시한다. 이와 관련하여 우리가 어린 자녀들에게 어떤 상반된 메시지를 보내고 있는지를 보자. 우리는 유치원과 초등학교에 다니는 자녀들에게 장난감을 친구들과 나누고, 남을 도우며, 친절하고, 스포츠는 공정하게 하라고 가르친다. 그러면서 동시에 스포츠에서는 이겨야 하고, 높은 성적을 받아야 하며, 자신을 방어해야 한다고 가르치기도 한다.

윤리적 결정을 제대로 내리는 것은 쉬운 일이 아니며, 희생을 치러야 할 수도 있다. 바르게 사는 일은 실로 따르기 힘든 길이다.

그런데 윤리적으로 행동하는 것이 성공에 도움이 될 때도 있고, 윤리적 길을 따르는 것이 일을 제대로 하는 것일 때도 있다. 가령, 누군가에게 혹은 어떤 회사에게 사기를 당했을 때, 그 사람이나 그 회사를 다시 믿을 수 있을까? 혹은 당신이 누군가를 속인 후 당신의 거짓이 발각되었다면, 상대가 당신을 다시 신뢰할 가능성은 얼마나 될까?

바르게 사는 일은 자신에게 도움이 될 뿐만 아니라 장기적으로는 더 좋은 결과를 가져오는 경우가 많다. 그래서 바르게 사는 일은 삶의 만족을 높여준다. 물론 바른 일이 속상한 결과(직장이나 큰 돈을 잃는 것)를 낳는 경우도 있다. 그러나 종국에는 바른 일을 하는 것이 단기적으로는 실망스러울지라도 삶의 만족도는 더 높은 경향이 있다.

윤리에 대하여 회의적으로 생각하는 사람은 "누가 윤리를 필요로 할까?"라고 의문을 제기할지 모른다. "나는 순간순간 나에게 맞는 일을 할 거야."라고 말할 수도 있다. 우리 주변을 돌아보면, 자신의 결정에 내포된 윤리적 의미에 관계없이 자신에게 가장 이익이 되는 방향으로 결정을 하는 사람들이 많은 것 같기도 하다. 많은 사람들은 부와 권력, 명성, 쾌락에 유리하도록 결정을 하지, 윤리에 따라 결정하는 것처럼 보이지 않는다.

매일 뉴스 헤드라인을 읽다 보면 이런 인상은 더 강해진다. 예를 들어, CIA 직원이 돈 때문에 다른 나라에 이익이 될 만한 군사기밀을 팔기도 하고, 여성이 단지 부를 노리고 텔레비전 상에서 낯선 이와 결혼을 하기도 한다. 어떤 이들은 고용주나 나이 많은 부모에게서 돈을 갈취하기도 하고, 돈 많은 유명인이 자기 돈으로 충분히 살 수 있는 물건들을 훔치는 경우도 있다. 기업의 경영자들 중에는 종업원들은 최저임금 이하의 임금을 받는데도 자신은 사치스럽고 방탕한 생활을 하는 사람도 있다.

윤리적 결정을 충동에 맡기는 것은 좋은 생각이 아니다. 우리는 순간적으로 좋은 결정을 내릴 수도 있지만, 형편없는 결정을 내릴 수도 있다. 일상의 경험 속에서 윤리적 결정을 내리는 데 필요한 전략을 숙고해본다면, 일관되게 좋은 결정을 내릴 가능성이 높아질 것이다. 속담에서 이르듯이 '배가 고플 때는 물건을 사지 마라.' 문제에 직면한 바로 그 순간에 자동적으로 윤리적 결정을 내릴 수 있으리라고 생각하는 것은 비현실적이다. 필요할 때 바른 일을 하게 될 가능성을 극대화할 수 있도록 미리 진지하게 생각할 필요가 있다.

또한 큰 문제뿐만 아니라 작은 문제들을 살펴보는 일이 중요하다. 작은 문제에 대한 윤리적 결정도 잘 내리지 못하면서 정말 어렵고 다루기 힘든 딜레마에 대한 윤리적 결정을 제대로 내리기를 기대할 수 있을까? 작은 문제에서 부정직하면서(가게 점원에게서 잔돈을 더 많이 받는 것) 정말로 큰일에서 정직하기를 기대할 수 있을까(큰 회사에서 탈세를 하거나 장부를 조작하는 것)? 작은 윤리적 딜레마에서 윤리적 결정을 내리는 것을 배우면 아주 힘든 상황에서 윤리적 결정을 내리는 데에도 도움이 될 것이다.

일상적인 결정들 대부분이 윤리적인 성격을 띠고 있다는 것을 알고 그런 결정을 제대로 내렸는지 검토하고 안내해줄 전략들을 활용하는 것을 습관화한다면, 다루기 힘든 문제에 대해서도 윤리적 결정을 내릴 가능성은 더 높아진다.

윤리적 딜레마는 어떻게 달라져왔는가?

어떤 점에서 보면 현대의 윤리적 딜레마는 과거와 매우 다르다. 또 어떤 점에서는 다르지 않다. 우리가 직면하는 몇몇 어려운 윤리적 결정들은 몇 년 전에는 가능하지도 않을 일이었다.

기술과 의학의 발전으로 몇 년 전만 해도 들어보지 못한 윤리적 딜레마들이 생겨났다. 예를 들면, 인터넷을 이용하여 포르노를 보거나 타인에 대한 은밀한 정보를 얻어내는 것 등은 인터넷을 대중이 쉽게 이용하기 전에는 불가능한 일이었다. 또한 태아의 성별과 유전적 건강을 판단하는 데 의학기술을 이용하는 것도 아주 최근에야 가능해진 일이다.

사회적 규범과 관습의 변화도 전에는 존재하지 않았던 윤리적 딜레마를 만들어낸다. 이를테면, 부모들은 누가 자녀를 키울 것인가(가족 구성원이나 고용된 보모 중)에 대하여 앞선 세대보다 더 많은 선택의 여지와 결정사항을 갖게 되었다.

이렇게 과학과 기술, 문화와 사회가 변화함에 따라 사람들이 처하게 되는 윤리적 딜레마도 각양각색이 되었다.

그런데 거의 변하지 않는 윤리적 딜레마도 있다. 인간 사회에는 태초부터 불륜이 있었다. 부부간의 부정(不貞)은 결혼이 존재한 이후로 계속해서 중요한 윤리적 문제다. 거짓말을 할 것인가 사기를 칠 것인가를 선택하는 것 역시 언제나 있어온 윤리적 문제였다. 이처럼 인간이 지구상에 나타난 이래로 우리와 계속해서 함께해온 윤리적 딜레마들도 많이 있다.

이런 문제들은 최근에 와서도 변하지 않았다. 그러나 그 문제들에 대한 우리의 사고방식은 엄청나게 변화했다. 예를 들면, 과거 수세기 동안은 특정한 종교적 전통에 의하여 채택된 행위규칙들이 옳고 그름을 명백하게 해주었다. 부부간의 부정, 사기, 거짓말, 절도 등과 같은 문제에는 성직자나 교회집단에 의하여 정리된 엄격한 규율이 있었다. 이런 규율에서 벗어나면 죽음을 포함한 가혹한 결과가 뒤따랐다. 물론 많은 사람들이 은밀하게 그 규율에 동의하지 않았을 수도 있다.

그러나 사회가 세속화됨에 따라 삶을 살아가는 방식과 행위에 다양한 선택의 여지가 생기게 되었다. 그런 자유와 함께 어떻게 살아야 하는가에 대해 스스로 선택해야 하는 책임도 커졌다. 대부분의 사람들은 어떻게 살 것인가에 대하여 스스로 결정을 내리게 된 것을 환영했다. 그러나 동시에 교회나 공공집단에 의존하지 않고 스스로 중요한 윤리적 결정들을 내려야 할 의무를 지니게 되었다.

윤리(혹은 윤리의 결핍)는 최근 국제적으로도 많은 관심을 받게 되었다. 엔론(Enron), 월드 컴(World Com), 아서 앤더슨(Arthur Anderson), 타이코(Tyco) 등 미국 기업들의 몰락은 일부 최고경영자들의 엄청난 비윤리적 행위를 부각시켰다. 그리고 성직자들이 아동을 성적으로 학

바르게 산다는 것의 의미

대하고, 문제를 일으킨 성직자들을 교회 지도자들이 제대로 관리하지 않은 것을 보면, 우리가 윤리적인 지도자일 거라고 기대했던 사람들도 비윤리적인 행위를 많이 저지르는 듯 보인다. 게다가 사회의 그렇게 많은 영역에서 사기와 거짓, 청렴하지 못함, 탐욕 등의 문제들이 생긴다는 것은 윤리적으로 제대로 행동하지 못하는 사람들이 그만큼 많다는 얘기일 수 있다. 분명, 역사를 통틀어 사람들은 늘 비윤리적인 방식으로 행동해왔다. 최근 들어 대중매체가 비윤리적인 행위와 사건을 널리 알린 것뿐이다.

우리는 어떤 점에서는 몇 년 전까지만 해도 볼 수 없던 윤리적 딜레마에 직면하고 있다. 한편, 예로부터 있어온 딜레마도 사회적 규범과 기대, 사회적 변화에 따라 그 성격이 변하기도 했다.

우리는 왜 윤리적인 도움을 받기를 피하는가?

윤리는 기본적으로 '내 삶을 어떻게 살 것인가?'라는 질문에 대한 답을 찾는 것이다. 윤리는 생활과 의사결정을 위한 원칙들이며, 도덕적 신념의 의미와 그 정당화를 비판적으로 반성하는 학문이다. 그런데 많은 사람들이 윤리를 피하는 이유는 무엇일까? 윤리에 대해 몇 가지 오해가 있기 때문이다. 그 오해에는,

1. 윤리란 엄격한 행위규칙을 의미한다.
2. 윤리와 종교는 밀접하게 관련을 맺고 있다.
3. 윤리는 명백하다.

등이 있다. 이 오해들을 하나하나 살펴보자.

첫째, 사람들은 윤리를 변하지 않는 행위규칙들을 열거한 것이라고

생각한다. 일반적으로 사람들은 어떻게 행동해야 한다는 말을 다른 사람에게서 듣기 싫어하며, 자신들이 적합하다고 생각하는 대로 행동할 수 있는 자유를 가치 있다고 생각한다. 즉, 다른 사람으로부터 윤리와 관련한 지침을 받아들이는 것은 해야 하는 것과 해서는 안 되는 것을 결정할 인격적 자유를 포기하는 것이라고 생각하는 것이다. 그러나 윤리 원칙들을 활용하여 의사결정을 내리는 것이 엄격한 행위규칙을 따르는 것을 뜻하는 것만은 아니다. 윤리 원칙들은 우리의 결정을 안내하고 필요한 정보를 줄 뿐이지, 우리가 특정한 방식으로 행동하기로 했다고 해서 우리를 통제하거나 죄의식을 느끼도록 하려는 것이 아니다.

둘째, 많은 사람들은 윤리와 종교가 매우 밀접하게 연결되어 있다고 생각한다. 조직화되고 구조화된 종교 전통에 끌리지 않는 사람들은 윤리와 종교가 밀접한 관련을 맺고 있다고 생각하고 윤리적 지침을 피하는 경향이 있다. 규칙을 옹호하는 성직자들이 반드시 규칙을 따르는 것은 아니라고 느끼고 종교적 지침이나 윤리적 지침을 위선적이라고 생각하는 사람들도 많다. 실제로 고위 성직자들 중에는 남들에게 윤리적으로 살라고 하면서 자신은 스스로의 충고를 따르지 않는 경우가 많다는 것이 밝혀지기도 했다.

마지막으로, 윤리적 지침은 간단하고 명백할 것이라 생각하고, 굳이 필요하지 않다고 느끼는 사람들도 많다. 그들은 윤리 원칙이란 정직이나 공정함처럼 가능한 한 최선을 다하여 그렇게 하려고 노력해야 하는 어떤 것이라고 생각한다. 게다가 엄청나게 비윤리적인 행위들(첩보원으로 활동하기, 회사 기금 갈취하기, 법정에서 거짓 증언하기) 등은 그들의 삶과 무관한 것이므로 그런 영역에 대하여 특별한 지침이 필요하다고 생각하지 않는다.

　그러나 일단 시작해보면, 대부분의 사람들은 윤리적인 결정에 관해서 대화하는 것이 가치 있음을 인정하고 즐긴다. 도움이 되는 윤리 원칙들을 활용하여 문제를 좀더 잘 숙고할 수 있으면 제대로 된 결정을 내릴 수 있을 것이다. 결정을 잘 내릴 수 있게 되면 더 나은 관계와 삶의 길을 선택함으로써 좀더 만족스럽고 행복한 삶을 살 가능성이 높아진다.

우리 삶에

윤리적 접근이

필요한 이유

Chapter 1

윤리에 대한 다양한 접근방식들

사과를 깎는 방법에도 여러 가지가 있듯이 하나의 목표를 성취하는 데 활용할 수 있는 방법들도 다양하다. 윤리적 결정을 잘 내리려고 할 때도 마찬가지다. 한 가지 관점만을 고집하지 말고 다양한 참조의 틀과 관점을 활용하는 노력이 필요하다. 윤리에 대한 한 가지 접근법을 서로 다른 문제에 적용해볼 수도 있고, 같은 문제에 여러 접근법을 적용해볼 수도 있다. 몇 가지 윤리적 접근법 뒤에 숨은 논리들을 탐구하다 보면 한 가지 문제에 대한 답이 보이기도 한다.

이 장에서는 도덕철학자들과 윤리학자들이 윤리적 문제에 대해서 사고한 방식들, 즉 윤리적 접근방식 혹은 접근법 아홉 가지를 검토할 것이다. 각 접근법을 소개한 후에는 '생각해봅시다' 코너를 통해 이를 활용할 수 있는 방법들을 확인할 것이다. 이는 윤리적 결정을 내리는 데 있어 단단한 토대가 되어줄 것이다.

여기서 설명할 아홉 가지 윤리적 접근법은 윤리적 문제를 바라보는 사고방식을 아홉 가지로 정리한 것일 뿐이므로, 몇 가지는 서로 겹치거나 충돌하기도 한다. 각 접근법에 대해 공감할 수 있는지 없는지, 어떤 상황에서 그 접근법이 유용할지 생각해보자.

이 장에서 논의한 것 이상으로 이들 접근법에 대해서 좀더 자세히 알고 싶다면, 제임스 레이첼스(James Rachels)가 쓴 《도덕철학의 근본 요소(The Elements of Moral Philosophy, 2003)》를 읽어도 좋다. 이 장에서 정리한 각 접근법을 상세하게 다룬 책으로, 훌륭하면서도 읽기 쉬워서 일반 독자들에게도 도움이 될 것이다.

이 장에서는 우선 윤리적 접근방식을 개별적으로 논의하고 그것을 윤리적 딜레마에 적용해본 후, 이어서 윤리적 문제들을 다루는 다섯 단계를 살펴볼 것이다. 크고 작은 윤리적 결정에 직면했을 때 이 윤리적 접근법들을 실제로 활용하기 위해서는 다섯 단계의 과정을 생각해야 할 것이다.

문화 상대주의

"모든 것은 상대적이다." 살면서 한 번쯤은 듣게 되는 이 말은 윤리에 대한 문화 상대주의적 접근을 쉽게 이해하고 기억하게 해준다. 그 주된 개념은 특정 상황에서의 윤리적 결정이나 행위란 특정한 문화나 그 맥락과 밀접하게 연관되어 있다는 것이다. 행위의 규범은 문화적 전통, 경험, 그리고 기대에 의해 만들어지므로, 하나의 문화적 전통에서는 윤리적인 것이 다른 전통에서는 비윤리적일 수 있다. 또한 어떤 집단에서 받아들여지는 행동이 다른 집단에서는 받아들여지지 않을 수 있다. 그러므로 윤리적 결정을 내리려고 할 때는 윤리적 문제나 이슈의 문화적 맥락을 고려하는 것이 중요하다.

문화 상대주의의 한계

그러나 문화 상대주의에는 한계가 있다. 최근 많은 언론들이 이슬람 근본주의 국가 여성들의 비참한 현실을 집중적으로 보도했다. 언론은 그곳 여성들이 일을 할 수 없고, 아파도 치료를 받을 수 없으며, 공적인 자리에서는 얼굴도 드러내지 못하고 있다고 전했다. 실제로 기본적인 인권조차 무시당하고 있는 것이 그들의 현실이다. 이슬람 근본주의자들의 하위문화에서는 이러한 대우가 적절한 행위로 받아들여질지 모른다. 그러나 문화적 맥락과 관계없이 그것은 비윤리적인 행위라고 주장하는 사람들이 많다. 즉, 기본적 인권 등 다른 윤리적 원칙들을 활용하여 문화 상대주의를 비판할 수 있는 것이다.

문화 상대주의의 한계를 통해 우리는 한 가지 윤리적 접근법을 택하기 위해 다른 것들을 무시해서는 안 된다는 중요한 사실을 깨닫게 된다. 물론 이 장에서 논의될 윤리적 결정에 대한 다양한 접근법들을 이해하고 평가하는 과정에서, 완전히 윤리적으로 살려면 마음에 들지 않는 다른 접근법들은 차라리 무시하는 게 낫다고 생각할지도 모른다. 탈레반이 문화 상대주의를 명목으로 여성들의 인권을 무시했을 때, 많은 사람들이 문화나 종교적 전통과 상관없이 모든 인간에게는 인간으로서 누려야 할 기본적인 권리가 있다고 소리를 높인 것도 바로 그런 이유에서다.

문화 상대주의와 당신

　간단히 말하면, 문화 상대주의는 윤리적 결정 및 다른 결정들이 문화적 진공상태에서 행해지는 것이 아니라는 점을 상기시켜 준다. 윤리적 결정을 내릴 때 우리는 문화적 전통과 기대를 고려하게 된다. 그런데 인종, 민족성, 종교, 가정교육, 혹은 사회경제적 특성이나 지리적 특징들로 인하여 그 기대는 달라지게 마련이다.

생 | 각 | 해 | 봅 | 시 | 다

다음의 질문들은 당신의 윤리적 결정에 문화적 전통이 어떤 영향을 미치고 있는지를 이해하는 데 도움이 될 것이다. 질문들에 대한 답은 일지에 기록해도 좋다.

- 당신의 민족적, 인종적, 사회경제적, 종교적, 지리적 정체성은 무엇인가?
- 당신의 가족 중 윗세대 어른들의 배경과 당신의 배경을 각각 어떻게 설명할 수 있는가?
- 당신과 같은 배경을 가진 사람들은 공통적으로 어떤 자질과 가치를 지니고 있다고 생각하는가?
- 마지막으로, 이러한 자질과 가치는 당신의 윤리적 결정방식을 형성하는 데 어떤 영향을 주었는가? 예를 들면, 당신은 개인주의적인가, 공동체 중심적인가? 감정과 신념을 공개적으로 드러내는가, 아니면 잘 드러내지 않는 편인가? 당신의 의사결정은(다수가 통치하도록 하는 식으로) 민주적이라고 생각하는가, 아니면(가장이 결정을 하는 식으로) 전제주의적이라고 생각하는가?

이상의 질문들에 답하면서 자신에 대하여 알게 된 것은 무엇인가? 당신의 배경이 당신이 윤리적 문제에 접근하는 방식에 영향을 미치는가? 1에서 10

까지의 척도에서 1은 '전혀 그렇지 않다'이며 10은 '매우 그렇다'일 경우,
문화 상대주의는 당신이 윤리적 결정을 잘 내리는 데 얼마나 유용하다고 생
각하는가?

자기 중심주의

'자신이 좋다고 느끼는 대로 행동하라.' 이것이 자기 중심주의의 핵
심일 것이다. 자기 중심주의적인 사람은 무언가 결정을 할 때 "나를
가장 만족시키는 결정은 무엇일까?"라는 질문에 답하려고 애쓴다. 표
면상 자기 중심주의는 그다지 윤리적으로 보이지 않는다. 자신을 만
족시키려고 하는 행동이 어떻게 윤리적일 수 있을까? 그러나 알고 보
면 자기 중심주의에 기반한 결정들은 정말로 흔들리지 않는 윤리적
선택이 될 수 있다.

사실, 자기 중심주의적 접근은 어쩌면 사람들이 가장 자주 활용하
는 접근법일지 모른다. 대부분의 사람들은 윤리적 딜레마에 처했을
때 결국은 그 결정이 자신에게 이로울지, 도움이 될지를 고려한다. 오
로지 자기 이익만을 생각한 결정이 아닌 한, 이것을 이기적인 행위라
고 볼 수는 없다.

자기 중심주의는 때로 이타주의의 얼굴을 취할 수도 있다. 다른 사
람을 위해서 내린 것처럼 보이는 결정도, 사실은 다른 무엇보다 자신
을 만족시키는 결정일 수 있다는 말이다. 가령, 당신이 세계 여러 지역
의 아이들과 그 가족들이 굶어죽어간다는 소식을 전해듣고는 그들을

돕기 위해 돈을 보내기로 결정했다고 하자. 그렇게 하면서 당신은 자신이 기아와 싸우는 일에 중요한 몫을 했다는 사실에 기분이 좋아질 수 있다. 이기적인 것과는 전혀 상관없어 보일지 모르지만, 이런 행위는 실제로는 자신을 기쁘게 하기 위해 혹은 죄의식을 덜기 위해 행해지는 것으로 볼 수도 있다.

이타적 행위를 하는 사람들의 동기는 여러 가지로 볼 수 있지만, 자신에 대하여 좋은 느낌을 갖기 위해 하는 행위는 대부분 자기 중심주의를 기반으로 한다. 물론 이러한 고귀한 행위에 헌신하는 많은 사람들은 진심으로 타인을 도우려는 선한 동기를 갖고 있다. 따라서 자기 중심주의는 관대한 행동의 이면을 설명하는 부분적인 이유는 될 수 있을지언정 전체를 설명할 수는 없다.

자기 중심주의의 한계

자기 중심주의에도 한계가 있다. 자신에게 가장 이로운 것이 항상 남들에게도 제일 이로운 것은 아니기 때문이다. 예를 들면, 가능한 한 많은 부(富)를 모으는 행위는 자신에게는 가장 이로운 일일 수 있다. 자선사업에 수입의 일부를 기부함으로써 자신의 부를 정당화할 수도 있다. 그러나 부를 지키려고 노력하는 사이에 가족들과 시간을 보내지 못하게 될 것이고, 주변 사람들에게 관대하지 못할 것이다. 또한 부를 획득하려고 노력하는 것은 남들에게 거짓말을 하고 사기를 치며 상처를 입히는 등의 비윤리적인 행위를 수반하기도 한다. 스스로를 만족시키는 것이 항상 바르게 사는 것은 아니라는 점은 분명하다.

자기 중심주의와 당신

윤리적 결정과 관련하여 딜레마에 처했을 때 무엇이 자신에게 가장 이익이 될까를 생각하는 것은 당연하고 합리적인 행위다. 잘못이 아니다. 그러나 결정을 내리기 전에, 자신의 사고에 영향을 미친 자기 중심주의의 역할이 무엇인가를 생각해보아야 한다.

생 | 각 | 해 | 봅 | 시 | 다

다음의 질문들은 자기 중심주의가 삶에서 얼마나 중요한지를 잘 보여준다. 물론 질문들에 대한 답을 일지에 기록해도 좋다.

- 어떤 행위를 할 때 당신은 기분이 좋은가?
- 당신은 좋은 부모이고, 정직하고 공정한 직원이며, 타인에게 관대한 사람임을 자랑스럽게 말할 수 있는가?
- 당신은 자원봉사를 하는가? 혹시 그렇다면 자원봉사활동을 할 때 어떤 기분을 느끼는가?
- 이기적이지 않고 관대하고 친절한 행동으로부터 당신은 무엇을 얻는가?
- 당신은 타인의 이익을 위해, 혹은 당신을 위해, 혹은 양쪽 모두를 위해 윤리적인 방식으로 행동하는가?
- 당신은 자신에게 이익이 될 때만 윤리적인 방식으로 행동하지는 않는가?

1에서 10까지의 척도에서 1은 '전혀 그렇지 않다'이며 10은 '매우 그렇다'일 경우, 자기 중심주의는 당신이 윤리적 결정을 잘 내리는 데 얼마나 유용하다고 생각하는가?

공리주의

공리주의는 '무엇이 가장 많은 사람들을 기쁘게 할까?'라는 질문에 답하는 윤리적 접근방식이다. 어떻게 보면 가장 민주적인 접근법이라고 할 수 있다. 윤리적 문제에 처했을 때 공리주의적 접근은 다수의 관련자들을 만족시키는 데 초점을 맞춘다. 그러므로 투표를 하여 다수가 결과를 결정하도록 하는 것은 공리주의적 접근이라고 볼 수 있다.

이는 매우 합리적인 것처럼 보인다. 사실 투표는 어떤 문제에 대해 결정을 내리고 질문에 답을 하는 가장 민주적인 방식이다. 이 접근법은 투표에 참여하는 사람들이 가장 윤리적인 결정을 내릴 수 있다는 전제 하에 그들에게 결정을 맡기는 방법이다. 따라서 공리주의적 접근은 그 결정에 영향을 받는 사람들 모두가 결정에 참여해야 한다고 본다.

공리주의의 한계

다른 접근방식들과 마찬가지로 공리주의적 접근에도 한계가 있다. 다수의 사람들이라고 해서 항상 윤리적인 결정을 내리는 것은 아니다. 예를 들면, 다수의 사람들이 아동 성폭행범은 개인이 직접 처벌해도 된다고 생각할 수도 있다. 잘난 척하는 유명인이 불명예스러운 상황에서 언론에 의해 난도질을 당하면 대중은 기분이 좋을 수도 있다. 지역 주민들 다수가 자신의 지역에 있는 노숙자들을 돕지 않겠다고 결정할 수도 있다. 이처럼 다수가 비윤리적인 방식으로 행동할 수 있는 예들은 많다.

비극적인 이야기지만, 1800년대 후반부터 1900년대 초반까지 많은 미국인들이 인종주의적인 동기에서 사적인 형벌에 가담했고, 그 결과 수많은 아프리카계 미국인들이 군중에 의해 끔찍하게 살해당했다. 많은 사람들이 그런 살해 장면을 목격했고 또한 지지했다. 공리주의적 접근에서 보면 대다수의 사람들이 만족하기만 한다면 그런 사적인 형벌도 허용될 수 있다. 그러나 살해된 사람(과 그의 식구와 친구들)은 이런 논리에 반대할 것이다. 당신은 그런 살해 행위가 윤리적이었다고 생각하는가?

여기에 윤리적인 어려움이 있다. 만약 똑같은 일이 오늘 벌어진다면, 그리고 그 일로 인해서 당신과 당신 가족의 생명이 위험에 처한다면, 당신은 그러한 사적인 형벌에 반대할 수 있을 것인가?

공리주의와 당신

민주주의적 이상을 매우 중시하는 나라에 살고 있는 사람들이 논쟁을 하고 투표를 통해 무언가를 결정하는 것은 어려운 일이 아니다. 우리는 공식적으로든 비공식적으로든 이런 방식으로 많은 것을 결정한다. 다수결의 원칙은 민주주의 사회에서 타인들과 함께 살아가는 매우 편리한 방식이다. 그러므로 윤리적 결정과 관련하여 딜레마에 처했을 때 무엇이 다수의 사람들을 만족시킬 것인가를 고려하는 것은 자연스러운 일이다. 그러나 다수를 만족시키는 것이 반드시 가장 윤리적인 것은 아니라는 점을 명심할 필요가 있다. 다른 요소들과 다른 윤리적 접근법들 또한 고려해야 한다.

당신이 보기에는 비윤리적인 일을 다수가 투표로 결정한 사례가 있는지 생각해보라.

- 무슨 일이 벌어졌는가?
- 그때 당신의 기분은 어땠는가?
- 당신은 어떻게 했는가? 의견을 말했는가?
- 오늘 그런 상황에 다시 처하게 된다면, 당신은 어떻게 행동하겠는가?

1에서 10까지의 척도에서 1은 '전혀 그렇지 않다'이며 10은 '매우 그렇다'일 경우, 공리주의는 당신이 윤리적 결정을 잘 내리는 데 얼마나 유용하다고 생각하는가?

절대적 도덕률

윤리에 대한 절대적 도덕률에 따르면, 결과에 상관없이 모든 상황에 적용되어야 하는 구체적인 행위규칙이 있다. 예를 들면, '항상 정직하고 친절하고 타인을 존중하고 관대해야 한다' '아이들이나 동물들을 성적으로 학대하거나 괴롭혀서는 안 된다' 등이 그것이다.

절대적 도덕률의 한계

절대적 도덕률은 충분히 합리적인 접근법처럼 보인다. 그러나 절대적 도덕률에도 마찬가지로 중요한 한계가 있다. 철학자 임마누엘 칸

트는 절대적 도덕률을 주장했지만, 동시에 절대적 도덕률의 잠재적 한계를 보여주는 사례도 훌륭하게 제시해주었다. 예를 들어, 한 남자가 당신 옆을 지나쳐 갔는데, 그 남자는 칼을 든 다른 남자에게 쫓기고 있고 어떻게든 숨으려 한다고 가정해보자. 그 사람이 숨은 곳을 당신은 알고 있다. 이때 그를 쫓던 남자가 당신에게 다가와 그 남자가 어디에 숨었는지 묻는다. 숨어 있는 남자를 찾아내면 죽일 것이 뻔한데, 당신은 진실을 말하겠는가? 아니면 거짓말을 하고 그 남자의 생명을 구하겠는가? '항상 진실을 말하라'와 같은 절대적 도덕률에 따르면 결과야 어떻든 당신은 칼을 든 남자에게 그 남자가 숨어 있는 곳을 말해야 한다.

정직은 절대적인 도덕률이 될 수 있는 많은 덕목들 중 하나일 뿐이다. 다른 예들도 많다. 가령, 항상 관대하고 친절하고 예의바르고 남을 존중해야 한다는 것도 절대적 도덕률에 포함된다. 얼핏 보면 이들 윤리적 규칙들은 합리적으로 보이며, 거의 모든 상황에서 유용할 것처럼 보인다. 그러나 관대하고 친절하고 예의바르고 남을 존중하는 것이 비합리적인 경우도 많다. 이를테면, 아동 성폭행범과 살인자에게도 우리는 친절해야 하는가? 누구든 무슨 일을 했든 모든 사람들에게 친절해야 한다고 주장하는 사람들도 있겠지만, 끔찍한 범죄를 저지른 사람들에게는 친절함과 관대함을 보여줄 필요가 없다고 주장하는 사람들도 있을 것이다.

절대적 도덕률과 당신

절대적 도덕률은 당신과 어떤 관계가 있는가? 당신이 중시하고 지지하는 도덕 규칙들이 있을 것이다. 예를 들어 당신은 모든 사람은 정직해야 한다고 생각할지 모른다. 그러나 거짓말을 하는 것이 합리적이고 윤리적인 상황도 있다는 사실을 당신도 이미 알고 있을 것이다.

다음의 질문들에 답해보자.

- 당신에게 중요한 절대적 도덕률은 무엇인가?
- 당신은 늘 진실을 말하는가?
- 당신은 항상 친절한가?
- 당신은 늘 남들을 존중하는가?
- 당신은 한 번도 화를 낸 적이 없는가?
- 당신은 절대적 도덕률을 가지고 있기는 한가?
- 혹 모든 것은 상대적이며 절대적인 것은 없다고 생각하는가?

당신이 신봉하는 절대적 도덕률을 다섯 가지 열거해보라.

- 그 도덕률들에 따른다면, 윤리적 문제에 접하게 될 때 당신은 어떻게 해야 하는가?
- 당신 자신이 세운 규칙을 따르지 못했던 사례들을 열거할 수 있는가? 왜 그런 일이 벌어졌는가?

1에서 10까지의 척도에서 1은 '전혀 그렇지 않다'이며 10은 '매우 그렇다'일 경우, 절대적 도덕률은 당신이 윤리적 결정을 제대로 내리는 데 얼마나 유용하다고 생각하는가?

사회계약적 접근

윤리에 대한 사회계약적 접근법에 따르면, 한 사회의 구성원들이 행복하게 살기 위해서는 공식적으로든 비공식적으로든 서로 잘 지낼 수 있는 방법을 이해하고 그것을 활용해야 한다. 만약 사람들이 공적인 행동과 사적인 행동에서 모두 그와 관련된 사회계약을 존중하지 않는다면 삶은 엄청나게 위험하고 혼란스러워질 것이다.

대부분의 법이 바로 이러한 개념에 근거하고 있다. 법은 안전하고 체계화된 방식으로 한 집단의 사람들이 함께 살아가는 데 필요한 구조와 지침을 제공한다. 한 집단의 구성원들이 중요한 사회계약을 위반하려고 한다면, 법은 그들에게 벌을 줄 것이다.

법은 사람들이 중요한 사회계약을 확실히 따르도록 형성된 공식적인 방식이다. 법은 남에게 해를 끼칠 수도 있는 사람에게 그 행동의 결과가 무엇인지를 보여줌으로써 사회적 규범이나 기대되는 행위에서 벗어나지 못하도록 한다.

그러나 사회계약에는 비공식적인 것이 훨씬 많다. 영화나 지하철 표를 사기 위해 줄을 서는 것, 길에 넘어져 울고 있는 아이를 달래는 것 등이 이에 속한다. 세상을 살아가면서 남들과 조화롭게 살기 위해서는 모두의 욕구를 충족시킬 수 있는 방식으로 행동해야 한다.

사회계약적 접근의 한계

다른 모든 접근법과 마찬가지로, 사회계약적 접근에도 한계가 있다. 먼저 사회계약의 조항에 대하여 동의하지 않는 사람이 있을 수 있다. 가령, 폭력을 피하고 불법 행위를 하지 않는 것은 사회계약의 일부이지만, 때로는 법을 지키지 않는 것이 윤리적인 행위라고 주장하는 사람들도 있다.

마틴 루터 킹 목사는 불공정한 법을 타파하기 위해 비폭력으로 대응했고, 그로 인해 많은 사람들의 존경을 받았다. 말콤 엑스와 같은 사람들은 정의를 획득하고 잘못된 것을 바로잡기 위해서는 폭력을 사용해야 하는 때도 있다고 주장했다. 2차 세계대전 중 연합군은 나치 통치 체제를 무너뜨리기 위해 폭력을 사용했다. 모든 이들이 이를 윤리적인 행위였다고 보지는 않지만, 이 경우는 정의나 윤리에 대한 사회계약에 근거한 행동이라고 생각하는 사람도 많다. 그 바탕에는 모두가 최대한 평화롭게 함께 살기 위해서는 죄 없는 사람들에게 가해지는 폭력적이고 파괴적인 행위는 어떤 수단을 통해서라도 근절되어야 한다는 생각이 깔려 있다.

윤리적으로 행동하려고 노력하는 사람들 중에도 사회계약적 요소의 내용에 동의하지 못하는 경우가 많을 것이다. 게다가 비공식적, 공식적 사회계약은 같은 사회 안에서도 집단마다 그 내용을 달리할 수 있다. 무엇이 합리적이고 비합리적인 계약인가에 대하여 보편적으로 합의된 바가 없을 때 사람들 사이에는 긴장이 유발되기도 한다.

사회계약과 당신

사회계약은 당신이 윤리적인 결정을 내리는 데 어떤 도움을 주는가? 사회의 규칙들은 당신이 윤리적 결정을 제대로 내리는 데 어떻게 도움이 되는가? 혹시 장애가 되는 경우는 없는가?

인권적 접근

윤리에 대한 인권적 접근에 따르면, 모든 인간에게는 지키고 권장
해야 할 인권이 있다. 가령, 많은 사람의 지지를 받지 못한다 하더라도
누구에게나 자신의 의견을 표현할 권리가 있다는 사실에는 대부분의
사람들이 동의한다. 또한 대부분의 사람들은 '생명, 자유, 그리고 행
복 추구'의 권리를 중시한다.

남에게 해를 주지 않는 한, 자신이 하고 싶은 대로 생각하고 행동할
자유가 있다고 생각하는 사람도 많다. 모든 인간은 식량과 주거의 권
리가 있다고 주장하는 사람도 있고, 최소한 생계가 가능한 임금을 받
을 권리가 있다고 주장하는 사람도 있다. 그리고 모든 인간에게는 소
유의 권리, 혹은 무언가를 추구할 권리가 있다고 주장하는 사람도 있

다. 그러나 합리적인 사람들조차도 이 인권 목록에 정확히 무엇이 들어갈지에 대해서는 의견이 다를 수 있다.

인권적 접근의 한계

물론 윤리에 대한 인권적 접근 역시 한계가 있다. 예를 들면, 아동을 보고 성적인 감정을 가질 권리가 있는가? 아동 포르노그래피를 구입할 권리가 있는가? 완고한 인종주의적 신념을 지킬 권리가 있는가? 우리 사회의 소위 주변인들을 게으르고 지적이지 않다고 생각하는 것이 윤리적인가? 당신이 믿고 있는 특정 종교에 속한 구성원들만이 올바르고 다른 종교의 구성원들은 모두 잘못되었다고 믿는 것이 윤리적인가? 일할 능력이 있으면서도 일하지 않는 게으른 사람들도 식량과 주거의 권리를 가져야 하는가? 자살하고 싶어하는 사람들은 그렇게 할 수 있어야 하는가?

좀더 구체적으로 생각해보자. 산업화된 많은 국가들에서는 남자와 여자가 평등한 권리를 가져야 한다는 의식이 당연하게 받아들여진다. 그러나 여성들이 일을 할 수도, 의료혜택을 받을 수도, 투표를 할 수도 없으며, 심지어 공식적인 자리에는 얼굴을 내밀 수도 없는 나라들도 있다. 그래서 때로는 우리의 윤리적 견해를 적용하여 다른 곳에서 일어나는 억압적인 정책들을 변화시켜야 한다고 주장하는 사람도 있다. 한편 다른 지역에 대해 우리의 의지를 관철시켜서는 안 된다고 말하는 사람도 있다. 그렇다면 남성과 여성의 권리가 평등하다는 생각을 공유하지 않는 나라나 문화, 그리고 지역사회에 대하여 우리가 윤리적으로 대처할 방법은 어떤 것일까?

| 인권과 당신

윤리에 대한 인권적 접근은 당신에게 어떤 영향을 주는가? 사람들이 주장할 수 있는 권리는 어떤 것일지 당신도 생각해보았을 것이다. 그 생각이 당신의 윤리적 결정에 어떤 영향을 준다고 생각하는가?

생 | 각 | 해 | 봅 | 시 | 다

- 모든 인간에게 주어져야 한다고 생각되는 권리들을 열거해보라.
- 위의 목록을 보면서 어떤 생각이 드는가? 대부분의 사람들이 당신의 목록에 동의할 것이라고 생각하는가? 그렇다고, 혹은 그렇지 않다고 생각하는 근거는 무엇인가?
- 당신의 목록이 문화와 나라에 상관없이 합당할 것이라고 생각하는가?
- 당신이 열거한 권리를 사람들이 가져야 한다고 생각하는 이유는 무엇인가?

1에서 10까지의 척도에서 1은 '전혀 그렇지 않다'이며 10은 '매우 그렇다'일 경우, 인권적 접근은 당신이 윤리적 결정을 잘 내리는 데 얼마나 유용하다고 생각하는가?

정의적 접근

윤리에 대한 정의(justice, 正義)적 접근은 '무엇이 공정한가'에 초점을 둔다. 정의적 접근은 공평하고 합리적으로 남을 존중해야 한다고 보는 방식이다. 국가의 규칙과 법 역시 사람들의 직업, 지위, 권력, 부, 기타의 것들에 상관없이 동등하게 적용되어야 한다. 정의적 접근도 매우 합리적이며 대부분의 사람들이 받아들이는 방식인 것처럼 보인다. 그러나 우리가 처한 다양한 문제 속에서 정의가 언제나 실현되지는 않는다.

취업의 문제를 예로 들어보자. 정의적 접근에 따르면 지원자들은 공정한 조건에서 경쟁한 후 그 중 가장 합당한 자격을 갖춘 사람이 직업을 얻어야 한다. 그러나 매력적인 외모와 사교술을 갖춘 사람들이 매력적이지 않고 사교적 능력이 떨어지며 부끄러움이 많은 사람들보다 이익을 보는 경우가 많다.

사실, 사회심리학 연구에 따르면 매력적인 사람이 더 지적이고 현명하고 재능이 있고 세련되다고 생각하는 사람들이 많다. 따라서 매력적인 사람이 매력적이지 못한 사람에 비해 상대적으로 더 쉽게 직업을 얻고 특권을 받고 규칙을 악용할 가능성이 더 높다. 이것이 공평한가? 정의로운가?

정의적 접근의 한계

정의적 접근 역시 한계가 있다. 위에서 제기한 문제 외에도, 정의가 의미하는 것이 정확히 무엇인가 하는 질문이 있을 수 있다. 어떤 이유로든 사람이 잘 곳이 없고 굶주리는 상황에 처하는 것은 부당한 일이라고 생각하는 사람도 있다. 또한 특정 직업이나 직위가 다른 직업이나 직위보다 봉급을 훨씬 더 많이 받는 것은 부당하다고 생각하는 사람도 있다. 가령, 버몬트주에 있는 아이스크림 회사인 벤과 제리스에는 한때 회사 내의 어떤 사람도(최고경영자와 회장을 포함하여) 가장 낮은 임금을 받는 노동자보다 7배 이상의 임금을 받을 수 없다는 규정이 있었다. 다른 사람들은 굶주리고 잘 곳도 없이 사는데 정말로 필요하지는 않은 것(화려한 의상과 차, 장난감, 휴가, 외식)에 돈을 쓰는 것은 정의에 어긋난다고 주장하는 사람들도 있다.

아마 이 주제에 대해서 논의하고 토론하는 사람들의 수만큼이나 정의를 규정하는 방식도 각양각색일 것이다.

정의와 당신

"그건 공정하지 않아."라는 말을 누군가가 할 때마다 정의와 관련된 문제가 대두된다. 윤리에 대한 정의적 접근은 당신의 윤리적 결정에 어떻게 영향을 주는가?

생 | 각 | 해 | 봅 | 시 | 다

- 당신은 정의를 어떻게 규정하는가?
- 당신이 생각하기에 정의로운 사회는 어떤 사회인가?
- 좀더 정의로운 사회를 건설하기 위해서 당신이 기꺼이 포기할 수 있는 것은 무엇인가?
- 위 질문들에 대답하면서 당신은 자신의 정의관과 윤리관을 알 수 있었는가?

1에서 10까지의 척도에서 1은 '전혀 그렇지 않다'이며 10은 '매우 그렇다'일 경우, 정의적 접근은 당신이 윤리적 결정을 잘 내리도록 하는 데 얼마나 유용하다고 생각하는가?

공동선적 접근

　윤리에 대한 공동선(共同善)적 접근에 따르면, 사회에 가장 이로운 것이 가장 윤리적인 것이다. 그러므로 아동 성폭행범을 투옥하는 것이 지역사회에 가장 이익이 된다면, 지역사회를 보호하기 위해 그들의 자유를 박탈하는 것은 윤리적인 행위다. 또한 공동선적 접근에 따르면 모든 이들에게 먹을 것이 충분한 상태가 공동선일 것이므로, 노숙자들에게 식량을 제공하는 데 많은 세금을 써야 한다.

　이처럼 공동선적 접근은 사회를 협동적이고 집단적으로 바라보고 그 관점을 중시하는 문화와 지역사회에서 분명하게 나타난다. 그러나 개인적인 권리와 자유를 중시하는 문화와 지역사회에서는 공동선적 접근과 관련하여 갈등이 일어나곤 한다. 물론, 사람들이 건강한 식단을 즐기고 지나친 흡연과 음주를 하지 않으며 안전한 성을 향유하는 것이 사회 전체로 볼 때는 가장 유익한 상태다. 건강한 인구가 많을수록 더 오래 사는 사람들이 많아질 것이며, 비싼 의료비용에 돈을 덜 쓰게 될 것이기 때문이다. 그러나 많은 이들이 먹고 마시며 담배를 피우고 자신들에게 적합한 방식으로 성행위를 하는 개인의 자유에 제한이 가해지는 것에 반대한다. 건강한 생활 스타일이 모든 이들에게 최선이라는 생각에는 대부분 동의하지만, 이를 위해 자신의 자유에 제약이 따르는 것은 환영하지 않는 것이다.

공동선적 접근의 한계

　윤리에 대한 다른 접근들과 마찬가지로, 공동선적 접근 또한 한계가 있다. 무엇이 공동선인가에 대한 사람들의 의견은 모두 다를 수 있기 때문이다. 동성애 부부가 아이를 입양하도록 허용하는 것은 공동선이 아니라고 주장하는 사람도 있고, 어떤 종교든 종교적 근본주의는 공동선이 아니라고 주장하는 사람도 있으며, 낙태를 허용하는 것은 공동선이 아니라고 말하는 사람도 있다. 물론, 이러한 주장에 대해 격렬하게 반대하는 사람들도 있다. 그러므로 합리적인 사람들이라도 공동선의 범주에 늘 동의하지는 않는다. 게다가 우리가 그 범주에 동의한다 하더라도 윤리적 딜레마는 늘 나타나게 마련이다. 예를 들면, 항공기에 테러리스트들이 탑승하지 못하도록 하는 것은 공동선을 위해 반드시 필요한 일이다. 그러나 이를 예방하는 과정에서 다른 윤리적 딜레마가 생겨날 수도 있다. 이를테면, 최근에 테러리스트들이 대부분 중동지역 출신의 젊은이들이라고 해서 탑승객들을 검열하면서 인종차별적인 측면 사진 찍기를 시행하는 것이 윤리적으로 옳은 일일까?

공동선과 당신

공동선적 접근은 당신과 당신의 윤리적 접근에 어떻게 영향을 미치는가? 개인의 욕구보다 공동선을 위해 행동하는 것은 힘든 일이다. 가령, 미국에서 매우 인기를 얻고 있는 SUV는 연비가 형편없고 교통사고가 날 경우 타인에게 치명적인 상처를 입히거나 때로는 사망에 이르게 할 수도 있다. 그러나 SUV를 소유한 사람들 중 공동선을 위해 차를 포기하려는 사람은 아마 없을 것이다.

공동선을 위하여 할 수 있는 일을 열거해보라. 오염을 최소화하고, 전력과 천연자원을 아끼는 등 지역사회를 위해 무슨 일을 할 수 있을까?

목록을 다 작성했으면 실질적으로 공동선에 이익이 되도록 자신이 할 수 있다고 생각되는 항목에 동그라미 표시를 하라. 몇 개나 선택했는가?

1에서 10까지의 척도에서 1은 '전혀 그렇지 않다'이며 10은 '매우 그렇다'일 경우, 공동선적 접근은 당신이 윤리적 결정을 제대로 내리는 데 얼마나 유용하다고 생각하는가?

덕행적 접근

윤리에 대한 덕행(德行)적 접근은 정직, 성실, 책임, 연민, 공손, 사려 깊음, 친절, 능력 등과 같이 우리가 가치 있다고 여기고 모두가 추구해야 한다고 생각하는 개인적 자질이나 성품들을 전제로 한다.

핵심적인 덕행에 대해서는 대부분의 사람들이 동의할 것이다. 우리는 모든 이들이 정직하고 책임감 있으며 사려 깊고 남을 배려하고 친절하며 관대하고 충직하고 우호적이며 예의바르기를 원한다. 우리는 이러한 자질들을 자녀들에게 가르치고 싶어하며, 친구나 동료, 연인을 선택할 때도 그런 자질을 지닌 사람들을 찾는다. 또한 고용주, 정부 관리, 종교 지도자들에게서도 그런 자질을 기대하고, 우리 사회의 많은 영역에서 그러한 덕행들이 중시되어야 한다고 생각한다.

덕행적 접근의 한계

 그러나 윤리에 대한 덕행적 접근에도 몇 가지 어려움이 따른다. 첫째, 덕행의 목록에 대해 모든 사람들이 동의할까? 예를 들어 어떤 이들은 공손함을 매우 중시하는 데 비해 어떤 이들은 그것이 별로 중요한 항목이라고 생각하지 않을 수도 있다. 둘째, 어떤 상황에서 이런 덕행들을 표현해야 할까? 어린아이들이나 친구, 배우자에게는 친절함과 연민, 이해를 얼마든지 표현할 수 있겠지만, 나치나 아동 성폭행범에게도 그런 태도를 보여줄 수 있겠는가? 마지막으로, 이런 가치들이 모든 상황에서 표현될 수 있다고 기대하는 것이 합리적일까? 가령, 진실을 말하지 않는 것이 더 윤리적인 선택일 때도 있다. 당신이 포함된 특정 집단의 구성원들을 모두 죽이고 싶어하는 어떤 사람을 상대할 때, 당신은 자신이 그 집단에 속해 있음을 그 사람에게 밝힐 수 있겠는가?

 각 문화, 지역사회, 종교는 각각 추구해야 할 덕행에 대해 자신들만의 독특한 관점을 가지고 있으며, 개인들도 각각 특정 덕목들을 다른 것들보다 더 중요하게 생각한다. 그리고 덕행의 목록에 동의하는 것과 그것을 따르고자 하는 동기를 갖는 것은 별개의 문제다. 또한 윤리적으로 분석하는 법을 훈련받을 수도 있고 이론적으로 윤리적 원칙을 지지할 수도 있지만 직접적으로 윤리적 딜레마에 처했을 때는 바른 선택을 하지 못할 수 있다.

덕행과 당신

 덕행은 당신의 윤리적 결정과 어떤 관계에 있는가? 이에 대해 생각을 해보았든 해보지 않았든, 당신이 중요하게 여기고 추구하는 가치들이 있을 것이다.

자신이 중시하는 덕행에 대해 생각해보자.

생각할 수 있는 모든 덕행들을 다 열거해보라. 특히 중요하다고 생각하는 덕행 다섯 가지에 동그라미를 쳐보라. 당신이 중요하다고 생각하는 것에 비추어 덕행들에 순위를 매길 수 있는가? 이것들은 당신이 타인에게서도 중요하다고 생각하는 미덕인가?

1에서 10까지의 척도에서 1은 '전혀 그렇지 않다'이며 10은 '매우 그렇다'일 경우, 덕행적 접근은 당신이 윤리적 결정을 제대로 내리도록 하는 데 얼마나 유용하다고 생각하는가?

당신에게는 어떤 접근법이 효과가 있는가?

지금까지 살펴본 '의사결정을 내릴 때 활용할 수 있는 아홉 가지 접근법들' 중에서 당신이 가장 공감하는 것은 어떤 것인가? 각 접근법에 대해 당신이 매긴 점수를 훑어보고, 어떤 접근법이 당신이 활용하기에 가장 편안(혹은 불편)할지 결정하라. 활용하기 편안하다고 느껴지는 접근법들을 다시 검토해보라.

크고 작은 윤리적 딜레마에 맞닥뜨렸을 때 당신은 가장 편하다고 느끼는 접근법을 먼저 떠올릴 것이고 그 접근법이 당신이 결정을 내릴 때 지침이 될 것이다. 물론 여러 가지 접근법을 동시에 활용할 수도 있다. 그러나 가장 공감하는 접근법을 활용할 가능성이 높다.

윤리적 결정의 다섯 단계

이상에서 논의한 접근법들은 당신이 의사결정을 내릴 때 지침이 될 수 있을 것이다. 그렇다면 이 지침을 어떻게 활용할수 있을까? 우선 여러 접근법을 기준으로 삼음으로써 윤리적 문제를 다양한 관점에서 바라볼 수 있다.

가령, 직장에 전화를 걸어 병가를 내야 할지 말아야 할지를 결정하려 한다고 생각해보자. 당신은 실제로는 아프지 않지만 병가를 내고 싶다. 이때 거짓말은 정당화될 수 있는가 하고 스스로에게 질문할 수 있다. 아마 병가를 내고 무엇을 할 계획인가에 따라 그 결정과 관련된 윤리적 문제를 바라보는 방식이 달라질 것이다. 예를 들면, 그 시간에 해변으로 나가 햇볕을 즐기는 것과 친했던 사람의 추도예배에 참석하는 것은 윤리적으로 매우 다른 의미를 지닌다.

위의 사례는 당신의 행위가 어떤 이유에 근거한 것인가에 따라 윤리적 접근을 달리 택하게 된다는 것을 보여준다. 그러나 어떤 접근법을 택하든 간에, 지금부터 살펴볼 윤리적 딜레마를 생각해보는 다섯 단계의 과정이 많은 도움이 될 것이다. 이 모델은 여러 다양한 환경에서 활용되어온 것이며, 산타클라라 대학의 마쿨라(Markkula) 응용 윤리학 센터에 의해 채택되기도 했다. 이 다섯 단계 모델을 활용해 윤리적 문제를 검토해보자.

1단계 : 윤리적 문제로 인식하기

우선, 윤리적이며 도덕적인 문제가 언제나 가까이에 있다는 것을 인식해야 한다. 그런 사실에 주목하면, 일상적인 상황에서 늘 발생하는 윤리적 문제를 보게 될 것이다.

　사실 일상에서 우리가 내리는 대부분의 결정과 다른 사람들과의 상호작용이 윤리적 혹은 비윤리적 선택의 기회이다. 우리는 날마다 끊임없이 의사결정의 상황에 직면한다.

　예를 들어 상사가 당신에게 질문을 했는데, 마땅히 알고 있어야 할 답이 떠오르지 않는 경우를 가정해보자. 거짓말이라도 하여 아는 척하는 것이 나을까, 아니면 모른다고 사실대로 말하는 것이 나을까? 혹은 저녁을 먹는데 상품을 권유하는 전화가 와서 식사가 중단되었다고 해보자. 그 사람을 무시하고 전화를 빨리 끊어야 할까, 아니면 끝까지 통화를 해야 할까? 혹은 가게에서 누군가 지갑에서 돈을 떨어뜨리는 것을 보았다고 가정해보자. 그 돈을 주워서 챙겨도 될까, 떨어뜨린 사람에게 돌려줘야 할까?

　누군가가 잃어버린 돈을 찾아주거나 전화 판매원을 대하는 것은 어려운 윤리적 선택과는 별 관계가 없어 보일 수도 있다. 전화 매너가 불륜이나 탈세, 공금 탈취 등과 무슨 관계가 있는가? 그러나 작은 윤리적 딜레마를 다루는 연습을 꾸준히 하다 보면, 정말 어려운 결정 앞에서도 크게 곤란을 느끼지 않게 될 것이다. 작은 문제와 결정에 비윤리적이면서 어떻게 중대한 윤리적 결정을 잘 내릴 수 있겠는가? 정말로 중요한 문제에 대해 윤리적 결정을 제대로 내릴 수 있는 사람은 사소한 문제에 대해서도 윤리적 결정을 제대로 내릴 가능성이 높다.

　결국 윤리적 결정의 첫 단계는 모든 결정을 연습의 기회로 인식하는 것이다. 그렇다면, 어떻게 하면 윤리적 문제들에 민감해질 수 있을까? 간단한 공식은 없지만 몇 가지 유용한 원칙들은 있다. 이들 문제에 대해서는 2장에서 자세히 다룰 것이다. 지금은 '지금 나의 결정이 지니는 윤리적 의미는 무엇인가? 라는 질문에 익숙해질 필요가 있다. 모든 결정이 잠재적으로는 윤리적 결정이라는 생각에 익숙해지면, 매일 당신 앞에 놓여지는 윤리적 선택의 영역들을 더 잘 볼 수 있게 될 것이다.

2단계 : 관련 정보 수집하기

다음 단계는 사실을 수집하는 것이다. 결정을 제대로 내리기 위해서는 어떤 정보를 알아야 할까? 차를 하나 살 때도 우리는 가격이나 품질, 스타일, 기타 결정을 내리는 데 필요한 요소들을 상세하게 조사한다. 윤리적 결정을 내릴 때도 마찬가지다. 제대로 알고 결정하기 위해서는 어떤 사실을 알아야 하는가? 조언을 받을 수 있는 사람은 누구인가? 당신이 선택할 수 있는 대안들은 무엇인가?

3단계 : 대안 검토하기

세 번째로, 문제가 닥쳤을 때 활용하려고 계획한 윤리적 접근이 어떤 것이었는지를 충분히 고려해보아야 한다. 어떤 접근법이 어떤 상황에서 가장 적절할지 스스로에게 물어보라. 몇 가지 윤리적 접근을 활용하여 윤리적 딜레마를 검토할 수도 있다.

예를 들면, 탈세를 할 것인지 말 것인지를 결정하려 한다고 해보자. 당신은 자선단체에 기부를 할 거라고 말함으로써 부정직한 행위를 정당화할 수도 있다. 더 나아가 정부가 당신의 세금을 군비나 정치가들의 적지 않은 봉급으로 지불하는 것에 반대한다고 함으로써 스스로의 행위를 정당화할 수도 있다. 혹은 최대 다수의 최대 행복을 추구하는 공리주의적 접근에 기댈 수도 있다. 세금을 내지 않으면 당신과 당신의 가족이 행복해질 것이며, 정부는 그 돈이 없어졌는지 알아채지도 못할 것이다. 또한 이유야 어떻든 간에 사기와 거짓은 비윤리적이라고 보는 절대적 도덕률을 활용할 수도 있다. 또한 공동선적 접근을 활용하여 탈세를 하는 것이 사회의 공동선에 해가 된다는 관점에서 결정할 수도 있다.

다양한 윤리적 관점에서 윤리적 딜레마를 바라보면 그 과정에서 당신의 사고를 조정하고 심화할 수 있다. 이러한 과정은 당신이 최선의 결정을 내리는 데 도움이 될 것이다.

4단계: 결정 내리기

다음은 결정을 내리고 그에 따라 행동하는 것이다. 다양한 윤리적 접근법을 통해 상황을 검토해보았다면, 결정을 내려야 한다. 결정은 쉽고 분명할 수도 있고 그렇지 않을 수도 있다. 윤리적 결정을 내리는 대가가 너무 크다고 생각되면 그에 반대되는 결정을 할 수도 있다. 예를 들어, 지갑을 주웠는데 그 안에 아주 큰 돈이 있었다고 가정해보자. 당신은 정직이라는 절대적 도덕률이 옳다고 생각하기 때문에 지갑 주인에게 돈을 돌려주어야 한다고 생각한다. 그럼에도 불구하고 결국 돈을 챙기기로 결정한다. 당신은 돈이 너무 절실하게 필요했고, 좋은 목적에 그 돈을 사용할 것이라고 스스로의 결정을 정당화할 수도 있다.

특정한 윤리적 접근법에 따른 방식으로 행동하기로 결정하지 못한다 하더라도, 자신이 활용할 수 있는 방식들을 이해하고 다양한 윤리적 대안들을 충분히 생각해볼 필요는 있다. 그런 식으로 미래의 결정에 활용할 수 있는 윤리적 문제 해결 기술들을 개발할 수 있기 때문이다.

5단계: 결정 평가하기

마지막으로, 자신의 결정을 돌이켜 평가해보라. 어떻게 하기로 결정했으며, 왜 그렇게 했는가? 다른 합리적인 사람들이라면 어떻게 하기로 결정했을 것 같은가? 자신의 결정에 따라 생활한 결과에 비추어 볼 때, 같은 상황이 온다면 또다시 같은 결정을 내리겠는가?

자신의 결정이 어떤 결과를 낳았는지를 살펴봄으로써 미래에는 분명 더 나은 결정을 내릴 수 있을 것이다.

결론

　이 장에서는 윤리적 결정에 대한 아홉 가지 접근법을 이해하는 데 초점을 맞추었다. 이 접근법들은 수백 년 이상 사람들이 윤리적 결정을 내리는 데 지침이 되어왔다. 이 접근법들을 제대로 이해하면 우리가 처한 윤리적 딜레마를 숙고할 때 도움이 될 것이다. 그리고 윤리적 결정을 내리는 다섯 단계의 과정은 행동의 틀을 제공할 것이다.

　다음 장에서는 우리가 지켜야 할 다섯 가지 윤리 원칙들을 살펴보고, 일상의 윤리적 결정을 내리는 데 그 원칙들을 활용하는 방법을 제시할 것이다.

　이 장에서 당신에게 가장 적합하다고 생각되었던 윤리적 접근법 세 가지를 택하고, 아래에 제시한 어려운 윤리적 딜레마에 그 접근법들을 활용해보라.

　1. 당신의 절친한 친구가 불륜에 빠져 있다는 사실을 알았다. 그런데 그 친구의 배우자를 만나게 되었다. 친구의 배우자에게 당신이 알고 있는 대로 불륜 사실을 말할 것인가? 말한다면 이유는 무엇이며, 말하지 않는다면 또 그 이유는 무엇인가?

2. 당신의 상사가 직장에서 큰 액수의 돈과 물품을 빼돌렸다는 사실을 알게 되었다. 다른 사람에게 이를 알릴 것인가, 아니면 모른 체할 것인가? 알린다면 이유는 무엇이며, 알리지 않는다면 또 그 이유는 무엇인가?

3. 길을 걷다가, 총을 가진 사람이 다른 사람을 쫓아가는 것을 목격했다. 총을 가진 사람은 쫓기는 사람을 죽이려는 것처럼 보인다. 그 사람이 당신 옆을 지나갈 때 당신은 총을 가진 사람의 발을 걸거나 막을 수도 있다. 그렇게 한다면 이유는 무엇이며, 그렇게 하지 않는다면 또 그 이유는 무엇인가?

Chapter 2

바른 삶을 위한 다섯 가지 원칙

앞 장에서는 윤리적 질문과 딜레마에 대한 다양한 접근방식에 대해서 살펴보았다. 이 장에서는 개인생활에서, 그리고 일을 할 때(당신이 어떤 일을 하고 어떤 생활조건에 있든) 행동을 하고 의사결정을 해나가는 데 활용할 수 있는 다섯 가지 윤리 원칙들을 소개하겠다. 이 원칙들은 크고 작은 윤리적 결정에 도움이 될 것이다. 다섯 가지 원칙 각각에 대해서는 이후 장들에서 좀더 상세히 살펴볼 것이다.

다섯 가지 기본적 윤리 원칙은 다음과 같다.

- 성실
- 능력
- 책임
- 존중
- 배려

이 다섯 가지 원칙은 매일 매일의 삶에서 유용한 사고의 지침이 될 것이며, 거의 모든 윤리적 상황에 적용할 수 있을 것이다.

이 원칙들의 출처는 어디인가?

이 다섯 가지 원칙들이 어느날 느닷없이 등장한 것은 아니다. 이 원칙들은 미국심리학회가 출간한 《심리학자들을 위한 윤리 원칙(APA, 1992)》에도 등장한다. 그러나 사실 이 원칙들은 수천 년 동안 축적되어온 도덕철학, 윤리학, 종교적 전통 등에서 엄선된 것이다. 약 2,500년 전에 쓰인 히포크라테스 선서의 윤리 원칙들이 오늘날에도 유용한 것과 같은 예다.

다섯 가지 윤리 원칙들은 다양한 종교 경전에서도 찾아볼 수 있다. 구약성경이든 신약성경이든, 이슬람교의 코란이든, 혹은 다른 경전이든, 성실, 능력, 책임, 존중, 그리고 타인에 대한 배려는 모두 중요한 부분을 차지하고 있다.

이를테면, '타인을 존중하라'는 내용은 많은 고대 경전에서 강조되고 있다. 유대교의 경전인 탈무드에는 다음과 같은 구절이 있다. "자신이 존중받고 싶은 만큼 동료를 존중하라(미슈나 2:10)." 배려와 책임은 탈무드와 구약성경에서 강조된다. "공동체가 어려움에 처했을 때는 '나는 내 집에 가서 먹고 마실 것이며 영혼이 편안할 것이다.'라고 말해서는 안 된다." 모세가 그랬듯이 사람은 공동체를 배려해야 한다. "공동체의 근심을 나누는 사람이 그로부터 위안을 얻을 자격이 있다(바빌로니안 탈무드, 타니트 11a)." 성실의 중요성은 성경 구절에도 자주 나타난다. 가령, "거짓 입술은 여호와께 미움을 받아도, 진실히 행하는 자는 그의 기뻐하심을 받느니라(잠언 12:22)." 정의와 자비 또한 부각된다. 예를 들면, "여호와께서 네게 구하시는 것이 오직 공의를 행하며 인자를 사랑하며 겸손히 네 하나님께 행하는 것 아니냐(미가서 6:8)?"

신약성경을 보면, 사도 바울의 글과 복음서에서 자주 등장하는 주제가 타인에 대한 배려다. 예를 들어, 마태복음에서는 예수께서 "너희 원수를 사랑하며 너희를 핍박하는 자를 위하여 기도하라(마태복음 5:44)."고 말씀하셨다. "하늘에 계신 아버지의 온전하심과 같이 너희도 온전하라(마태복음 5:48)."라는 예수의 말씀으로 그 장은 끝이 난다. 또한 이런 구절도 있다. "형제를 사랑하여 서로 우애하고 존경하기를 먼저 하라(로마서 12:10)."

세계의 모든 주요한 종교들은 성실, 책임, 배려, 그리고 타인에 대한 존중을 주장한다. 물론 종교의 이름으로 이들 윤리적 이상과 정반대 되는 행동을 하는 경우가 너무나 많다는 것은 슬픈 사실이다. 종교의 가르침과 관계없이 많은 종교 근본주의자들은 자신과 다른 종교를 지닌 사람들을 존중하지 않는다.

왜 하필 이 다섯 가지 원칙인가?

이 책에서 선택한 다섯 가지 원칙들 외에도 활용할 수 있는 다른 윤리 원칙, 구절, 단어들이 있다. 그러나 이 다섯 원칙이 선택된 까닭은 종교적 전통, 배경, 삶의 특정한 상황이나 윤리적 관점과 무관하게 대부분의 사람들이 보편적으로 활용할 수 있기 때문이다.

나는 또한 이 원칙들의 효과를 경험을 통해 확인했다. 수년 동안 나는 스탠퍼드 대학교 의과대학에서 심리학 인턴들과 박사후 과정 학생들을 위한 세미나를 지도했다. 또한 평생교육 차원에서 심리학자들, 사회복지사들, 정신과 간호사들, 그리고 결혼 상담가들을 위한 윤리학 워크숍을 진행했다. 그 기간 동안 이 다섯 가지 원칙들이 정신건강 전문가와 훈련생들이 직업 속에서 부딪치는 윤리적 딜레마를 해결하는 데 효과가 있을 뿐만 아니라 일반인들에게도 도움이 된다는 사실을 알게 되었다. 지난 20년 동안의 임상실습을 통해 이 원칙들은 많은 이들이 일상적인 삶 속에서 윤리적 문제를 해결하는 데 활용되었다.

그 외의 윤리 원칙들

물론 다른 윤리 원칙들을 활용할 수도 있다. 이 다섯 가지 원칙들이 완벽한 것은 아니기 때문에 이 외에도 얼마든지 다른 것들을 선택할 수 있다. 성경의 십계명이 그러한 예 중 하나다. 종교와 관계없이 십계명을 따르는 것은 윤리적 삶을 영위해나가는 매우 유용하고 실용적인 방식이라고 생각하는 사람도 많다. 심지어 최근에 미국에서는 모든 공립학교에 십계명이 게시되어야 한다고 주장하는 정치가들도 있었다. 그들은 십계명이 학교에 게시되면 학교 폭력을 비롯한 여러 가지 문제들(십대 임신, 마약 복용 등)이 덜 발생할 것이라고 주장했다.

미국 보이스카우트에서 권장하는 성품 목록(2002)도 윤리 원칙으로 활용할 수 있다. 그 목록은 다음과 같다.

- 진실하고
- 충직하고
- 도움이 되고
- 다정하고
- 예의바르고
- 친절하고
- 복종하고
- 활기차고
- 검소하고
- 용감하고
- 청결하고
- 경건하라.

이러한 성품들이 어떻게 윤리적 삶을 살아가는 기반으로서 활용될 수 있을까? 진실하고 예의바르고 친절하다는 것은 분명 따를 만한 가치가 있는 윤리 원칙이다. 그러나 이 원칙들 중 몇 가지는 특정한 상황에서는 따르기 어렵거나 규정하기 어렵고 심지어 도움이 되지 않는다. 예를 들면, 장례식에서의 활기찬 행동은 거부감을 줄 수 있다. 또한 검소하다는 것은 인색하다는 의미를 포함할 수도 있다.

독일의 신학자 한스 쿵은 세계의 주요 종교가 모두 여섯 가지 기본적인 윤리적 행동 규칙을 주장한다고 말했다(Kuschel and Haring, 1993). 이 원칙들에는 살인하지 말 것, 거짓말하지 말 것, 남의 물건을 훔치지 말 것, 비도덕적으로 행동하지 말 것, 부모를 존중할 것, 아이들을 사랑할 것 등의 내용이 포함된다. 앞서 제시한 대부분의 원칙들과 마찬가지로 대부분의 사람들은 이 신조에 동의할 것이다. 물론 몇 가지는 모든 상황에 규정하고 적용하는 것이 어려울 수도 있다. 예를 들면, 어떤 사람의 관점에서는 비도덕적인 것이 다른 사람의 관점에서는 도덕적일 수 있다. 또한 거짓말하고, 도둑질하고, 살인하는 것이 윤리적인 일이 되는 경우도 있다. 가령, 수많은 무고한 희생자들을 살해한 테러리스트를 죽이는 것은 더 많은 죽음을 예방하기 위해 취해야 할 윤리적인 행동이 될 수도 있다. 마찬가지로, 진실을 말하는 것이 다른 사람의 정당하지 못한 죽음을 초래한다면, 차라리 거짓말을 하는 것이 윤리적인 행동이 되기도 한다.

따라야 할 다양한 윤리 원칙들 외에, 윤리적 삶을 살기 위해서 피해야 할 악덕도 있다. 이를테면, 신학자 성 토마스 아퀴나스와 작가 단테 알리지에리는 일곱 가지 치명적인 죄의 목록을 다음과 같이 제시했다.

- 자만
- 분노
- 시기
- 나태
- 탐욕
- 폭식
- 육욕

그런데 사실 일상생활에서 이러한 악덕들을 피하는 것은 쉽지 않은 일이다. 예를 들어, 일주일 동안 휴가를 보내는 것이 나태함에 속할까? 얼마나 많이 먹어야 폭식이라고 할 수 있을까? 행동으로 옮기지 않은 육욕이나 질시도 죄이며 악덕일까?

우리가 활용할 수 있는 미덕과 윤리 원칙들은 다양하지만, 앞서 언급한 다섯 가지 원칙들이 상대적으로 활용하고 기억하기에 좋다. 뿐만 아니라 대부분의 사람들에게 유용하다. 물론 자신에게 특히 도움이 된다고 생각되는 다른 윤리 원칙들이 있다면 활용해도 좋다.

다섯 가지 원칙을 잘 이해하기 위해서는 각각이 의미하는 바와 그것을 삶에 적용하는 방법을 알아야 한다.

다섯 가지 윤리 원칙 이해하기

성실, 능력, 책임, 존중, 그리고 배려가 의미하는 바는 무엇일까? 몇 가지 예를 가지고 간결하게 정의를 내린 다음, '생각해봅시다'를 통해 이 원칙들이 삶 속에서 생생한 의미를 지니도록 해보자.

성실(integrity)

성실이라는 말을 떠올리면 무슨 생각이 드는가? 나는 정직하고 공정하고 바르며 윤리적이고 도덕적이고 선한 사람이 떠오른다. 당신에게는 어떤 이미지가 떠오르는가?

생 | 각 | 해 | 봅 | 시 | 다

다음의 질문들에 대해 자신의 생각을 적어보자.

- 성실이라는 단어를 생각하면 어떤 단어나 구절이 떠오르는가?
- 당신이 정말 성실하다고 생각하는 사람을 생각해보라. 당신이 그를 성실한 사람이라고 느끼게 하는 말이나 행동은 무엇인가?
- 성실함을 가장 잘 드러낸다고 생각하는 자질이나 특징은 무엇인가?

'생각해봅시다'를 통해서 성실에 대하여 무엇을 알게 되었는가? 당신이 적은 이 자질들을 스스로 지니고 싶은가? 당신은 자신이 성실한 사람이라고 생각하는가? 그 이유는 무엇인가? 당신이 성실함을 유지하는 면과 그러지 못하는 면은 무엇인가?

성실함을 지닌다는 것은 높은 수준의 정직함, 정의로움, 공정함을 따른다는 것을 의미한다. 성실이라는 단어는 완전함 혹은 온전함을 가지고 있음을 의미하기도 한다. 성실함을 유지한다는 것은 당신의 완전함이나 온전함을 깨뜨릴 수 있는 유혹이나 위기들을 잘 극복하는 것이라고도 볼 수 있다.

이 중요한 윤리 원칙을 한 가지 상황을 예로 들어 설명해보겠다. 만일 당신이 정말 매력적인 사람과 아주 쾌락적인 성관계를 가질 기회가 생겼는데, 당신의 배우자나 애인은 그 상황을 전혀 알지 못한다면 당신은 어떻게 하겠는가? 사업차 혹은 학술회의차 여행을 갔다가 정말 매력적인 상대를 만나게 되었다고 해보자. 당신의 배우자나 애인은 당신의 은밀한 만남에 대해서 전혀 알지 못할 것이다. 게다가 전염성이 있는 질병에 걸릴 가능성도 전혀 없다. 어쩌면 일생에서 가장 쾌락적인 경험이 될지도 모른다. 그렇다면 솔직히 당신은 어떻게 할 것 같은가?

성관계를 갖든 갖지 않든, 그것을 정당화하는 데에 1장에서 논의한 다양한 접근법들을 활용할 수 있을 것이다. 예를 들면, 자기 중심주의나 공리주의적 접근에 따르면 성관계를 가지는 것이 괜찮겠지만, 절대적 도덕률과 덕행적 접근을 따른다면 그런 기회를 활용하는 것은 옳지 않은 일이다.

만일 당신이 성실한 사람이라면 어떻게 하겠는가? 아마도 배우자나

 | PART 1 우리 삶에 윤리적 접근이 필요한 이유

애인과만 성관계를 가지겠다고 한 맹세 때문에 그 경험을 거절할 것이다.

이 사례를 통해서 성실함이란 정직함과 강직함 등의 도덕적, 윤리적 규칙들에 따라 행동하는 것임을 잘 알 수 있다.

능력(competence)

능력이라는 단어를 생각하면 어떤 이미지가 떠오르는가? 나는 식견과 기술을 지니고 있으며, 자신의 일을 해나가는 데 있어 자신의 몫을 잘 알고 훈련이 잘 되어 있는 사람이 떠오른다.

생 | 각 | 해 | 봅 | 시 | 다

다음의 질문들에 대해 자신의 생각을 적어보자.

- 능력이라는 단어를 생각하면 어떤 단어나 구절이 떠오르는가? 떠오르는 것을 적어라.
- 당신이 알고 있는 사람 중에서 능력이 많은 사람을 떠올려보라. 그를 능력 있다고 생각하게 하는 말이나 행동은 무엇인가? 그 사람은 어떤 영역에서는 능력이 있지만 다른 영역에서는 그렇지 못한가? 만일 그렇다면, 그 사람은 자신의 강점과 약점을 인식하고 있는가?
- 당신은 어떤 종류의 능력을 지니고 있는가? 또 어떤 능력을 갖고 싶은가?

위의 '생각해봅시다'를 통해서 당신은 능력에 대해서 무엇을 알게 되었는가? 스스로에게서, 그리고 타인에게서 가장 흠모하는 능력은 무엇이며 그 이유는 무엇인가? 당신은 어떤 면에 능력이 있고, 어떤 면에서 그렇지 못한가?

능력이 있다는 것은 특정한 직업이나 일을 하는 데 필요한 자질과 지식, 기술을 갖췄다는 의미다. 그러나 누구라도 늘 자기 분야의 모든 문제에 있어서 누구도 따라올 수 없는 최첨단에 있을 수는 없다. 예를 들면, 자동차 수리공이 자신이 맡은 모든 회사, 모든 모델의 자동차들이 가진 새로운 면에 대해서 언제나 정통할 수는 없다. 수리공은 훈련을 계속 받을 수 있지만 그렇다고 해서 늘 최고의 능력을 유지할 수는 없다. 그러나 수리공의 이러한 무능력은 교통사고와 죽음을 초래할 수도 있다.

자신의 일을 처리하는 데 충분한 능력이 있는 사람이라 하더라도, 며칠 혹은 몇 주 동안은 주의산만, 질병, 주변 상황 등으로 인해 최고의 능력을 발휘하는 것을 방해받을 수도 있다. 개인적 문제에서도 마찬가지다. 가령, 당신은 능력 있는 부모일 수 있지만 더 좋은 부모가 되려고 노력해야 할 때가 있게 마련이다. 배우자와 싸우거나 충분히 잠을 못 잤다거나 다른 일 때문에 정신이 아주 분산될 때가 있다. 이런 상황에서는 양육 기술이 제대로 발휘되지 않을 것이다.

이 문제들은 개인적인 삶이나 직업에서 능력을 획득하고 유지하는 것이 얼마나 복잡한 일인가를 잘 보여준다. 삶의 다양한 측면에서 능력을 갖추고 유지하는 방법을 알아내어 실천하는 것은 매우 어려운 일이다. 어떤 기준을 활용하면 도움이 될까? 뒤에 올 4장에서 능력에 관한 이러한 문제들을 다루게 될 것이다.

책임(responsibility)

책임이라는 단어를 생각하면 무엇이 떠오르는가? '약속을 지킨다' 혹은 '자신의 의무를 잘 알고 주의를 기울인다' 라는 말이 떠오를 것이다.

다음의 질문들에 대해 자신의 생각을 적어보자.

- 책임이라는 단어를 생각해보라. 어떤 말들이 떠오르는가?
- 당신이 생각하기에 책임감이 있는 사람을 생각해보라. 그 사람을 책임감 있다고 느끼게 하는 말이나 행동은 무엇인가? 그 사람은 어떤 점에서 책임감이 있고 어떤 면에서 그렇지 못한가?
- 당신은 어떤 점에 책임감이 있으며 또 어떤 점에서 그렇지 못한가?

'생각해봅시다'를 통해서 책임감에 대해 무엇을 알게 되었는가?

책임감이 있다는 것은 자신의 행동을 설명할 수 있고, 의무나 약속, 헌신을 철저히 따른다는 것을 의미한다. 지키지 못할 약속을 해본 적은 없는가? 물론 때로는 약속을 잊어버리기도 하고, 불가피한 상황으로 인해 의도하지 않게 약속을 지키지 못하는 경우도 있을 것이다. 그러나 어떤 사람들은 지킬 의도가 없는 약속을 하여 남에게 실망을 주기도 하고 때로는 큰 문제를 일으키기도 한다.

그러한 경우를 잘 보여주는 사례가 있다. 심리치료 내담자인 다이앤은 이혼을 했다. 그녀는 남편을 사랑하기는 하지만, 남편이 자신의 일에 너무 몰두한 나머지 가족에 대한 책임을 경시하고 있다고 말했다. 그녀와 세 명의 자녀들은 그로 인해 여러 번 상처를 받았다. 다이앤은 그가 남편으로서, 그리고 아버지로서의 약속을 이행하지 못했기 때문에 이혼하려고 했다. 부부는 상담을 받는 등 여러 가지 노력을 해보았지만 효과가 없었다.

또 다른 예도 있다. 아동들을 성적으로 학대한 가톨릭 신부들에 대하여 언론매체에서 집중적으로 다룬 적이 있었다. 아동에 대한 학대는 그 어떤 경우라도 용서받기 힘들지만, 그것이 성직자의 소행이었다는 점이 특히 충격적이었다. 연구에 따르면, 성적으로 아동을 학대한 가톨릭 성직자들의 비율(약 2퍼센트에서 5퍼센트)은 다른 종교의 남성 성직자들의 비율과 일치하며, 남성 전체 인구에 비하면 낮은 편이다(Plante, 1999, 2004). 그 문제에 대해서 대중매체와 기타 여러 곳에서 그렇게 분노를 표현한 것은 부분적으로는 교회 지도자들이 그 사실을 알고 난 뒤에도 재발 방지에 무책임했기 때문이다. 교회 지도자들은 아이들이 성직자들에게 성적으로 학대받지 않도록 조치를 취할 책임이 있었다. 성적 학대를 저지른 성직자를 다른 교구로 옮겨서 또 다른 성적 학대가 일어나도록 한 것은 무책임한 처사였다.

이러한 사례들에서 개인과 집단들의 무책임한 행동이 어떤 것인지 확인할 수 있다.

존중(respect)

'타인의 권리와 존엄성에 대한 존중'이라는 구절을 생각하면 제일 먼저 무엇이 떠오르는가? 나는 자신이 대우받기를 원하는 방식으로 남을 대우하는 사람이 떠오른다.

생 | 각 | 해 | 봅 | 시 | 다

다음의 질문들에 대해 자신의 생각을 적어보자.

- 존중이라는 단어를 생각해보라. 어떤 단어와 구절이 떠오르는가?
- 타인을 존중한다고 생각되는 사람을 떠올려보라. 그 사람의 어떤 행동이나 말이 그런 생각을 하게 하는가? 그 사람이 타인을 존중하는 영역과 그렇지 않은 영역은 무엇인가?

'생각해봅시다'를 통해서 존중에 대해서 무엇을 알게 되었는가? 당신은 어떻게 남들을 존중하는가? 당신은 어떤 점에서 그렇지 못한가?

존중은 타인을 주의 깊게, 존경하는 마음을 가지고, 사려 깊게 대하는 것이다. 그렇다면 당신이 싫어하거나 의견이 일치하지 않는 사람들까지도 존중해야 하는가? 가령, 신나치, 아동 성폭행범, 인종주의자들도 존중해야 하는가? 이러한 질문들은 해결하기 어려운 윤리적 딜레마가 될 수도 있다. 이 문제들에 대해서는 뒤에 가서 좀더 깊이 다루도록 하겠다. 어쨌든 모든 인간은 기본적으로 신념이나 행동과 관계없이 인간으로서 존중받을 가치가 있다.

배려(concern)

'타인의 안녕에 대한 배려'라는 구절을 생각하면 무엇이 떠오르는가? 나는 타인의 어려움에 주의를 기울이고 관심을 보이는 사람이 떠오른다.

생 | 각 | 해 | 봅 | 시 | 다

다음의 질문들에 대해 자신의 생각을 적어보자.

- '타인에 대한 배려'라는 구절을 생각해보라. 어떤 단어와 구절이 떠오르는가?

- 타인을 배려한다고 생각되는 사람을 생각해보라. 그 사람이 타인을 배려한다고 느끼게 하는 행동이나 말은 무엇인가? 그 사람은 어떤 사람에게만 관심을 보이고 다른 사람에게는 그렇지 않은가? 그 사람은 가까운 가족과 친구들만을 배려하는가? 아니면 이방인도 배려하는가?

'생각해봅시다'를 통해서 타인을 배려한다는 것이 무엇인지 알게 되었는가? 당신은 타인을 어떻게 배려하는가? 또한 배려하지 못하는 점은 무엇인가?

우리보다 덜 가진 사람들에 대한 우리의 윤리적 책임은 무엇일까? 세계적으로 너무나 많은 사람들이 가난과 억압, 자연재해로 고통을 겪고 있다. 지구상의 많은 사람들이 충분한 음식과 의복, 쉼터, 직업을 갖지 못한 채 살아가고 있다. 그런 사람들을 위해 돈을 기부하는 등의 행동을 통해 자신의 배려와 관심을 드러내는 사람도 있다. 그러나 남들의 어려움에 무관심한 사람들도 많다.

어떤 단체가 윤리적인가를 판단하는 가장 좋은 방법은 가장 봉급을 적게 받는 직원들을 경영자가 어떻게 대우하는가를 보는 것이라는 말이 있다. 회사나 단체는 그 단체의 말단 직원들에게 어떤 수준의 배려와 관심을 보이는가? 그런 질문에 간단하게 답하기는 어렵다. 이에 대해서는 이후에 더 자세히 논의하도록 할 것이다.

다섯 가지 윤리 원칙 배양하기

이상 살펴본 윤리 원칙들을 통해서 일상의 결정들을 바라보고 싶다면, 그 윤리 원칙들을 쉽게 기억할 방법이 필요할 것이다. 한 가지 쉬운 방법은 존중(respect), 책임(responsibility), 성실(integrity), 능력(competence), 배려(concern)의 첫 글자를 딴 RRICC를 활용하는 것이다. 남자 이름 Rick처럼 발음해도 좋다.

이 책에서 강조한 다섯 가지 윤리 원칙들은 고정된 것이 아니라는 점을 기억하라. 수정할 수도 있으며, 자신에게 더 의미 있는 다른 원칙으로 바꿔 생각해볼 수도 있다. '생각해봅시다' 코너를 활용하면서 자신의 필요와 가치에 맞도록 자유롭게 사용해보자.

다음 단계는 윤리적 행동을 위한 좋은 역할모델을 찾는 것이다. 주위에 윤리적으로 행동하는 사람들을 두라. 지난 몇 년에 걸쳐 행해진 사회심리학 연구에 따르면 사람들은 타인을 자신의 신념과 행위의 모델로 삼는 경향이 있다. 아이들이 학교에서 새로운 말, 태도, 생각, 사건에 대한 관점, 그리고 패션 감각을 가지고 집으로 돌아올 때도 이 원칙이 작동하고 있다. 어른이 되어서도 여전히 우리는 자신의 신념, 태도, 물질적 소유물, 양육방식 등을 다른 사람들과 비교하고 그들로부터 영향을 받는다. 그러므로 주위에 윤리적으로 행동하는 사람이 없을 경우 일상생활에서 윤리적 결정을 잘 내릴 가능성은 낮아진다.

또한 자신의 행위와 타인의 행위를 숙고해볼 필요가 있다. 윤리의 렌즈로 결정들을 평가하고 분석할 수 있어야 한다는 것이다. 나는 스탠퍼드 대학의 훈련생들을 위한 윤리 세미나를 시작할 때 그들에게 '윤리 일기'를 쓰라고 권한다. 윤리적 딜레마를 마주칠 때마다 갈등이 되는 이슈나 윤리적 문제가 무엇인지 간단히 적어두라는 것이다. 이를 실천한다면, 시간이 지남에 따라 윤리적 이슈에 좀더 민감해지고 집중할 수 있게 될 것이다. 그러면 미묘한 윤리적 딜레마를 좀더 잘 볼 수 있게 되고 그에 대해 깊이 있게 숙고하게 될 것이다.

또한 스스로를 검증해볼 필요가 있다. 윤리 원칙에 비추어 자신이 어떻게 살고 있는지를 다양한 경험을 통해 확인해보자. "경험은 사람을 성숙하게 한다."라는 말이 있다. 역경, 도전, 어려움, 그리고 위기는 모두 당신의 인격과 윤리를 시험한다. 모든 것이 자신의 방식대로 움직이고 어려움이 없을 때는 스스로를 윤리적이며 도덕적인 사람이라고 생각하기 쉽다. 그러나 자신의 인격을 시험하는 어려운 경험을 만나게 되면 그런 생각은 달라질 것이다.

마지막으로, 이 원칙들을 반복적으로 활용하여 익힐 방법을 찾아내야 한다. 다시 말하지만, 일상적으로 부딪치는 윤리적 문제를 숙고하고 적절한 결정을 내려 그에 따라 행동할 수 있다면, 정말로 어려운 윤리적 결정에 직면해서도 훌륭한 결정을 내릴 수 있을 것이다.

이 장에서 논의한 RRICC 모델을 활용하여 다음에 제시된 윤리적 딜레마에 대해 생각해보자.

1. 전염성 성병을 앓고 있는 당신은 무척이나 성관계를 갖고 싶어하는 연인과 데이트를 하고 있다. 당신의 연인이 당신의 건강상태에 대해서 알게 된다면 그 사람은 당신과의 관계를 끝내려고 할 것이다. 당신은 당신의 병에 대해서 상대에게 말을 할 것인가? 왜 그렇게 하겠는가, 혹은 왜 그렇게 하지 않겠는가?

2. 당신이 회사에 커다란 도움이 되는 훌륭한 결정을 내렸다고 생각한 상사가 당신에게 엄청난 임금 인상을 해주었다. 그러나 그 결정은 당신이 아니라 최근에 회사를 그만둔 다른 직원이 내린 것이다. 당신은 그 결정을 실제로 내린 사람이 누구인지를 밝힐 것인가? 왜 그렇게 하겠는가, 혹은 왜 그렇게 하지 않겠는가?

3. 팀원인 당신은 당신이 담당하고 있는 직원들의 50퍼센트를 해고하라는 지시를 받았다. 당신의 팀에서 가장 능력 있는 사람이 당신과 개인적으로 잘 맞지 않는다. 당신은 이 기회를 이용하여 당신이 싫어하는 사람을 해고하겠는가? 이는 당신에게는 좋겠지만 회사를 위해서는 최선의 결정이 아닐 것이다. 왜 그렇게 하겠는가, 혹은 왜 그렇게 하지 않겠는가?

PART 2

바른 삶을 위한

다섯 가지 원칙

Chapter 3

성 실

앞 장에서는 어려운 윤리적 결정을 내릴 때뿐만 아니라 일상생활에서 쉽게 활용할 수 있는 다섯 가지 윤리 원칙을 소개했다. 이 장에서는 그 중 '성실'의 원리에 초점을 맞출 것이다. 성실이란 무엇이며 성실이 아닌 것은 무엇인지를 좀더 상세히 살펴보고, 일과 개인생활에 있어서 어떻게 성실성을 키우고 계발할 것인지에 초점을 둘 것이다.

성실이란 높은 수준의 정직과 공정함, 공평함을 유지하는 것이며, 자신의 완전함이나 온전함을 깨뜨릴 가능성이 있는 기회를 잘 극복해 내는 것임을 기억하라.

생 | 각 | 해 | 봅 | 시 | 다

성실성을 유지하고 있는 사람의 훌륭한 모범이라고 생각되는 사람을 떠올려보라. 그 사람은 당신이 아는 사람인가? 혹은 그저 뉴스에서 보았던 유명한 사람일 수도 있다.

성실한 사람이라고 생각하게 하는 그 사람의 말이나 행동은 어떤 것인가?
그 사람을 생각할 때 성실을 어떻게 정의할 수 있겠는가?

위의 '생각해봅시다'를 통해서 성실에 대해서 무엇을 알게 되었는가? 성실성을 지닌 사람은 어떤 자질을 갖고 있는가?

많은 미국인들이 성실한 사람이라고 생각하는 사람들 중에 전(前) 미국 대통령 지미 카터가 있다. 대부분의 은퇴한 정치인들이 임기가 끝나면 골프를 치며 소일하거나 연설을 해주고 돈이나 받으며 한가롭게 시간을 보내는 것과 달리, 그는 개발도상국의 국민들이 좀더 정의롭게 살아갈 수 있도록 매우 열심히 노력했다. 그는 가난한 나라들의 생활조건이 향상될 수 있도록 도왔을 뿐 아니라 민주적이고 공정한 선거를 치를 수 있도록 도왔다. 그러나 그의 정직성은 때로 부정적인 결과를 가져오기도 했다. 1976년 대통령 선거운동 당시 그는 〈플레이보이〉지와의 인터뷰에서 마음속으로 색욕을 품은 적이 있음을 인정했고, 그 때문에 후에 조롱과 멸시를 받기도 했다. 많은 사람들이 지미 카터 하면, 정직과 공정함, 그리고 정의에 헌신하는 성실한 사람이라는 이미지를 떠올린다. 그러나 실제로 그를 제대로 아는 사람은 거의 없다. 많은 사람들이 그의 실제 동기와 내면이 어떤지는 알지 못하지만, 적어도 그가 성실하게 살아가는 사람의 훌륭한 본보기라는 점만은 인정하고 있다.

성실과 관련한 사례들을 보면 성실한 사람은 유혹에 굴하지 않고 도덕적 나침반에 따라 행동한다는 것을 알 수 있다. 물론 세상에 완벽한 사람은 없으며, 대단히 성실한 사람들조차도 가끔은 형편없는 윤리적 결정을 내릴 수 있다. 성실한 사람의 도덕적 나침반은 다양한 자질과 특징들을 포괄한다. 그 중 가장 초점을 맞춰서 보아야 할 세 가지 자질은 정직, 공정, 그리고 정의일 것이다. 성실한 사람은 이 자질들을 중시하고 지키려 한다.

정직

정직은 진실을 말하는 것이다. 그러나 성실함을 유지하기 위해서는 진실을 말하는 것 이상으로 정직해야 할 때가 있다. 진실을 말하면서 남을 속이는 경우도 있기 때문이다. 이런 일이 어떻게 가능할까?

적극적인 의미의 정직

잘 알려진 한 작가가 '하버드에서 수학(修學)' 했다고 자신을 소개했다. 공식적인 강연 중에도 그렇게 말했고 자신의 책 표지에도 그렇게 적어놓았다. 그가 하버드 대학에서 수학한 것은 사실이지만 그것은 2주짜리 여름 워크숍일 뿐이었다. 그러나 그의 말은 사람들로 하여금 그가 하버드 대학에서 학위를 받았다고 믿도록 만든다. 그가 (표면적으로는) 거짓을 말한 것은 아니지만, 그의 말에는 사기성이 있다.

그게 뭐 어떠냐고 물을 수도 있다. 다른 사람의 판단을 흐리게 하긴 했지만, 그런 식으로 자격을 드러내는 것은 윤리적 결정과는 별 관계가 없는 일처럼 보일 수도 있다. 작가는 책의 판매를 위해 '하버드에서 수학한'이라는 말을 사용했을 것이다. 그러나 작은 일에 정직하지 못한 사람은 정말 중요하고 어려운 문제에 당면했을 때 정직하게 행동하기 어렵다. 사소한 일을 속이는 사람이 정말로 중요한 일에서는 어떠하겠는가?

정직은 진실을 말하는 것일 뿐 아니라 일부의 진실만을 말하거나 일부를 숨김으로써 사람들을 속이거나 오도하지 않는 것까지 포괄한다.

얼마나 정직해야 하는가?

우리는 어디까지 정직해야 하는가? 이것은 대답하기 복잡하고 어려운 질문이다. 항상 진실을 말하는 것이 가장 윤리적인 것은 아니라는 반론이 있을 수 있기 때문이다.

가령, 당신이 원하지 않는 아이를 가지게 되었다고 가정해보자. 임신 사실을 알고 낙태도 고려했지만 어쨌든 아기를 낳았다. 그런데 아이가 자라서 당신에게 자기를 원해서 낳았는지 묻는다. 진실을 말하면 그 아이에게 불필요한 상처를 줄 수도 있으므로, 이런 경우 진실을 피하는 것이 더 윤리적일지도 모른다.

당신은 정직의 기준을 정하는 데 있어서 어떤 원칙들을 지침으로 삼겠는가?

먼저, 특정한 상황에서 정직해야 하는지 아닌지를 결정하려고 할 때 1장에서 논의한 다양한 윤리적 접근법들을 활용할 수 있다. 공리주의적 접근, 덕행적 접근, 자기 중심적 접근 등은 당신에게 어떤 지침을 제공해주는가? 공리주의적이고 자기 중심적인 접근에 따르면 위의 상황에서 아이에게 진실을 말하지 않는 게 낫지만, 절대적 도덕률에 따르면 아이에게 진실을 말해야 한다. 두 번째로, 앞서 논의했던 다섯 단계의 윤리적 결정 과정을 활용해볼 수 있다. 예를 들면, 아이에게 진실을 말할 경우 발생할 수 있는 다양한 결과를 고려함으로써 어떤 접근을 택하는 것이 나을지를 결정하는 것이다. 마지막으로, 그 상황에서 정직이 그렇게 중요한 것인지 자문해볼 수 있다. 성실을 유지하기 위해 정직하게 말했다가 아이에게 감당하기 힘든 충격을 주는 것보다는 진실을 피하는 것이 더 윤리적일 수도 있다.

위의 사례는 해결하기 어려운 경우다. 가장 윤리적인 결정이 무엇인지는 분명하지 않다. 합리적이고 윤리적인 사람들 사이에서도 가장 좋은 선택이 어떤 것인지에 대해서는 서로 의견이 다를 수 있다. 성실을 유지하고자 한다고 해서 언제나 올바른 결정을 내릴 수 있는 것은 아니지만, 적어도 그런 삶은 정직, 공정, 그리고 정의를 중시하는 방향으로 향할 것이다. 그런 가치들이 당신의 결정을 형성함으로써 윤리적 결정을 제대로 내릴 가능성을 높일 것이다.

정보에 근거한 동의

정보에 근거한 동의는 정직과 성실을 논하는 데 있어서 중요한 개념이다. 사람들에게 그들이 처한 상황을 정확하게 알린 후 동의를 얻는 것이 정보에 근거한 동의이다. 그렇게 해야 사람들은 자신들이 알 수 있는 모든 정보에 근거하여 결정을 내릴 수 있다. 앞의 사례를 다시 살펴보자. 만일 아이가 진실의 결과가 어떤 것일지를 이해할 만한 나이라면, 아이에게 사실을 알면 상처를 입을지도 모른다고 경고할 수도 있다. 그런 후에, 그래도 진실을 듣기 원하는지를 아이에게 결정하도록 할 수 있다.

"그건 공정하지 않아." 어른들뿐 아니라 아이들도 가끔씩 내뱉는 이 불평은, 다른 사람에 비해 좀더 호의적으로 대우를 받지 못한 데 대한 속상하고 억울한 심정을 드러내는 말이다. 성실한 사람들은 자신들이 대우받고 싶은 방식으로 남들을 대한다. 물론 인생이 항상 공정한 것은 아니다. 사람들은 인종, 민족, 지위, 권력, 돈, 외모 등에 기초하여 서로 다른 대우를 받는다. 사실 우리 사회의 많은 문제들은 이런 불공정함에 기반하고 있다.

정치와 불공정

선출직 공무원들에게 가해지는 로비스트들의 압력이 도를 넘어섰다고 불평하는 사람들이 많다. 선거자금이나 선물을 주면서 정치인들에게 부당하게 영향을 미쳐서 자기 회사나 단체에 유리한 상황을 만든다는 것이다. 애리조나주의 상원의원 존 맥케인은 2000년 대통령 선거에서 선거자금 개혁을 이슈로 들고 나왔었다. 그는 특정 이익단체들이 제공하는 기부금이나 혜택들 때문에 미국의 정치체제와 상·하원의원들이 성실성을 포기하는 타협을 하고 있다고 주장했다. 의원들이 자신에게 표를 행사한 일반 유권자들에게는 관심을 기울이지 않고, 돈으로 자신들을 국회로 보내는 데 힘쓴 이른바 돈 있고 권력 있는 사람들을 위해 일한다는 주장이다.

고용과 불공정

공정성이 중요한 문제가 되는 또 다른 영역은 고용 분야다. 사람들은 취업을 원하는 사람이 누구와 아는 사이인가와 관계없이 가장 자질이 뛰어난 사람이 취업이 되어야 한다고 생각한다. 그러나 현실은 늘 그렇지만은 않다. 사실 적지 않은 사람들이 연줄을 통해서 자신의 자리를 유지한다. 만일 당신에게 더 나은 연줄이 있다면 더 좋은 직장을 얻을 수도 있을 것이다. 이것이 공정한 일일까?

개인적 이익과 공정

사람들은 불공정한 이익을 얻으려고 속임수를 쓰기도 한다. 예를 들어 베스라는 여성은 예약을 하지 않고도 인기 있는 음식점에서 자리를 얻어내는 방법을 자랑스럽게 떠들고 다닌다. 그녀의 전략은 음식점의 사장에게 다가가 마치 자신이 예약을 한 것처럼 행동하는 것이다. 자신의 비서가 대신 예약을 했다고 하면서 음식점이 실수로 예약을 누락한 것처럼 거짓말을 한다. 사장은 그런 사실을 확인할 수 없으므로 베스의 주장을 믿을 수밖에 없다. 음식점의 다른 누군가가 실수를 한 것으로 생각하는 것이다. 사장은 혼란을 빚은 것을 미안해하면서 샴페인 한 잔을 공짜로 대접하고 자리를 만들어준다.

베스는 위와 같은 상황에서 음식점과 다른 고객들을 공정하게 대하지 않는 것이다. 베스에게 자리를 마련해주는 바람에 다른 사람은 더 오랫동안 기다려야 하며, 아예 포기하고 돌아가버리기도 한다. 또한 예약을 담당하는 사람은 곤욕을 치를 것이다.

악의 없는 거짓말은 예상치 못한 심각한 결과를 낳을 수도 있다. 예약 없이 자리를 차지하려고 거짓말을 하는 사람이 정말 어려운 윤리적 딜레마에 부딪쳤을 때 진실을 말할 가능성이 얼마나 되겠는가?

성실한 사람은 다른 사람들과의 관계에서나 어떤 일을 결정할 때

공정하려고 노력한다. 물론 이것이 늘 쉬운 일은 아니다. 이를테면, 당신의 배우자가 음주운전을 하다가 다른 사람을 다치게 하거나 죽이는 사고를 일으켰다고 가정해보자. 당신이 살고 있는 지역의 음주운전 관련 법안에 따르면 당신의 배우자는 상당한 기간 징역을 살아야 한다. 비슷한 위반을 했던 다른 사람들은 징역을 살았거나 살고 있다. 공정성에 따르자면, 당신의 배우자도 다른 사람이 받는 처벌을 받아야 한다. 당신은 배우자가 가벼운 처벌을 받도록 당신이 가진 영향력과 돈, 혹은 권력을 사용하겠는가? 당신이 부자이며 법조계에도 아는 사람이 많고 다른 사람이 갖지 못한 이점을 가지고 있다면, 아마도 상황을 잘 해결하기 위해 할 수 있는 모든 일을 하려 들지 모른다.

성실한 사람은 모두에게 공정하려고 노력한다. 상대가 누구이고 누구를 알고 있느냐와 관계없이 모두에게 공정해야 한다. 당신은 어디까지 공정할 수 있겠는가?

정의

정직과 공정, 정의는 그 개념이 어느 정도 중복되기는 하지만 성실이 무엇인지를 충분히 이해하기 위해서는 각각의 의미를 논의해보아야 한다. 정의는 공정과 정직 모두와 관련이 있으나, 정의를 추구하는 것은 정직과 공정을 넘어서는 그 무엇이다. 정의는 현재와 과거의 잘못을 바르게 고치고 일을 바로잡는 것을 가리킨다.

정의를 지킨다는 것

　최근에 앨라배마주에서 70대의 한 남성이 약 40년 전에 교회 폭파에 가담한 혐의로 기소당했다. 그 당시는 앨라배마주에서 인종 간의 갈등이 심하던 시절이었다. 폭파로 인해 70명 이상의 흑인 아이들이 죽거나 심하게 부상을 당했다. 그 사람은 그 후 법적으로 아무런 제재를 당하지 않고 살아왔다. 물론 그는 지금 다른 사람에게 위협적인 존재는 아니다. 그렇더라도, 정의를 위해서 그는 처벌을 받아야 마땅하다. 재판과 기소 후, 살아남은 희생자들과 가족들은 "정의가 지켜졌다."고 말했다. 그 사람을 재판하고 기소하는 데 수십 년이라는 긴 시간이 걸렸지만 결국은 그 사람이 자신의 죄를 책임지게 되었다는 사실을 지적한 것이다.

　노쇠한 칠레의 전 대통령 아우구스토 피노체트는 그가 행정부를 책임지고 있던 지난 몇 십 년 동안 저지른 반인륜적 범죄로 영국에서 재판을 받았다. 나이든 나치 전범들도 2차 세계대전이 몇 년이나 지난 후 체포되어 재판을 받고, 처형을 당했다. 늙고 병든 그들은 현재에나 미래에 사회에 위협이 되는 존재들은 아니었으며, 그들을 수감한다고 해서 사회가 안전해지는 것도 아니었다. 그들을 기소하고 징역을 선고한 것은 모두 정의를 지키기 위한 것이었다.

　정의를 추구하는 것은 잘못한 일을 되돌려놓지 못하고, 죽은 사람에게 생명을 돌려줄 수도 없으며, 희생자와 그 가족들이 겪는 심리적 상처를 없애주지도 못하지만, 사람들이 자신의 행동에 책임을 지도록 하고, 잘못된 일을 가능한 한 바로잡아준다.

　일상적인 삶에서 정의는 어떻게 유지될 수 있을까? 성실한 사람은 매일 매일의 결정에서 어떻게 정의를 지켜나갈까?

정의를 지키려면 행동이 요구된다

당신 회사에 최저임금에도 못 미치는 봉급을 받는 사람들이 있다는 사실을 당신이 알게 되었다고 가정해보자. 그들은 생계를 유지하지 못할 정도로 적은 월급을 받고 있다. 그들뿐만 아니라 신입사원들도 기본 의식주를 영위하고 기본적인 필수품들을 사는 데 필요한 돈을 벌지 못하고 있다. 전임 직원들 중에 노숙자가 있다는 소문도 있다. 일하는 사람이라면 누구나 기본적인 필요를 충족시킬 만큼의 돈을 벌 수 있도록 하는 것이 정의가 추구하는 것이다. 앞서 가정해본 상황은 특히 많은 이윤을 내고 최저임금에 비해 너무나 많은 액수의 봉급을 소수의 인원에게 지불하는 회사에서 더욱 문제가 된다. 어떻게 직원들에게는 최저임금도 주지 않으면서 고위급 관리자들에게는 수백만 달러를 봉급과 보너스로 주고 그들을 위해서 사치스러운 파티와 이벤트를 여는 것을 정당화할 수 있는가? 어떻게 최고경영자들은 사치스럽게 살면서 같은 회사의 전임 직원들을 노숙자인 채로 내버려둘 수 있는가?

정의를 중시하는 사람이라면, 위와 같은 상황에서 직원들이 기본적인 생활에 필요한 정도의 임금도 받지 못하는 것은 부당하다고 지적할 것이며, 반면에 일부 사람들은 안락하게 사는 데 필요한 것 이상의 많은 돈을 벌고 있는 상황은 공정하지 않다고 지적할 것이다. 이는 정의를 추구하기 위해서는 많은 행동이 요구될 수도 있다는 점을 시사한다.

성실한 사람이라면 최저임금 문제가 정의의 문제이며, 회사는 최저임금을 올려주어야 한다고 주장할 것이다. 한편, 이런 상황에서 가장 쉽고 덜 위험한 윤리적 결정은, 당신의 관심을 회사 내의 다른 사람들에게 적당히 넘기는 것이다. 사실 더 어려운 윤리적 딜레마는 모든 직원들에게 최저임금을 제대로 지급하지 않는 회사나 조직을 위해 자신이 계속 일할 것인가를 결정하는 일이다. 당신은 이런 문제로 직장을 그만둘 의향이 있는가?

이런 사례들은 정의가 공정이나 정직 이상의 것임을 잘 보여준다. 잘못을 바로잡기 위해서는 '행동'이 요구되는 것이다.

성실한 삶을 위한 지침

성실한 사람이 되기 위해 우리는 어떤 노력을 해야 할까? 자녀들에게 그런 성품을 길러주기 위해서는 어떻게 해야 할까? 유혹을 받을 만한 상황에서 성실함을 유지하는 방법은 무엇일까? 쉽고 간단한 답은 없다. 그러나 성실한 사람이 되고자 노력을 할 때 지침이 될 만한 몇 가지 원칙들은 있다.

성실성을 추구하라

당신은 성실한 사람이 되기를 원하는가? 표면적으로는 누구나 그렇다고 답할 것이다. 성실한 사람이 된다고 해서 꼭 어떤 이익이나 특권을 피해 가야 하는 것은 아니다. 큰 대가를 치르는 경우가 아니라면 성실을 유지하기는 쉽다. 그러나 부정적인 결과가 한쪽에 도사리고 있을 때는 정직하고 공정을 유지하기가 힘들다. 정직, 공정, 정의, 도덕적인 중용을 유지하는 데 관심을 두지 않는다면, 부와 권력, 영향력을 더 쉽게 얻을 수 있을 것이다. 어쨌든 자신에게 희생이 요구되더라도 편안함을 느껴야 성실을 유지할 수 있다. 그럴 때에야 비로소 진짜 어려운 윤리적 딜레마가 전경에 등장할 수 있게 된다.

자신이 성실한 사람이 되기 원하는 이유는 무엇인지, 예를 들어 진단해보자.

- 잠시 눈을 감고 자신이 왜 정직하고 공정하고 정의로운 사람이 되려고 하는지 생각해보라. 무슨 생각이 떠오르는가? 그 생각을 적어보라.
- 어떤 동기에서 당신은 성실함을 추구하고자 하는가? 그런 동기를 발전시키기 위해서는 무엇을 하고 경험해야 할까? 때로는 모델(성실하게 행동하는 다른 사람)의 행동을 참고하는 것이 도움이 될 것이다. 당신은 자신을 윤리적 딜레마에 부딪치게 한 정신적 충격으로 인해 성실함을 더 열심히 추구하게 되었을지도 모른다.
- 당신은 성실한 사람이 되고 싶은가? 왜 그런가, 혹은 왜 그렇지 않은가?

매순간 성실함에 민감하라

거의 모든 결정을 성실과 관련된 결정으로 보아야 한다. 크든 작든, 거의 모든 결정과 사람들과의 상호작용을 통해서 당신은 성실함을 검증해볼 수 있다.

나는 몇 년 전에 집의 창문을 교체한 적이 있다. 그 당시 나는 다양한 유형과 스타일의 창을 조사했고, 그 후로는 어딜 가든 전보다 훨씬 더 창문에 관심을 갖게 되었다. 차를 살 때도 마찬가지였다. 차에 대한 정보를 알아보고 나자, 거리를 지나는 차들의 연도와 구조, 모델, 스타일들이 눈에 들어왔다.

마찬가지로 성실과 관련한 문제에 민감하게 되면, 어디서나 그 문제들이 눈에 띌 것이다. 일상에서 우리가 경험하는 모든 의사결정과 상호작용이 성실하게 행동할 기회라는 것을 알게 된다면, 그런 기회들을 좀더 명확하게 인식하고 자주 만나게 될 것이다.

2000년 4월에 일어났던 콜럼바인 고등학교의 총기난사 사건을 회상해볼 수도 있다. 한 생존자는 총을 든 두 학생이 한 여학생에게 하나님을 믿느냐고 질문하는 것을 들었다고 했다. 그 소녀는 "그래."라고 답했고, 바로 총에 맞아 즉사했다. 이 끔찍한 상황을 좀더 자세히 들여다보자.

그 두 명의 남학생들은 자살하기 전에 가능한 한 많은 학생과 교사들을 죽이려고 했다. 여학생을 쏘기 전에 그들은 하나님을 믿느냐고 물었다. 물론 그녀가 "아니."라고 대답했을 경우 그 남학생들이 어떻게 했을지는 아무도 모른다. 어떤 뉴스에서는, 두 소년이 하나님에 대한 믿음을 부인했고 교회 제도와 조직화된 종교, 그리고 하나님에게 분노했을지도 모른다고 보도하기도 했다. 그러나 그 두 소년이나 희생자의 마음속에서 어떤 일이 벌어지고 있었는지는 그 누구도 알 수 없다. "그렇다."라고 답하면 죽게 되리라는 것을 그 소녀는 알았을까? "아니."라고 답하면 목숨을 구할 수도 있을지 모른다는 생각을 그녀는 했을까? 어쨌든 그녀는 질문에 정직하게(성실하게) 답했고, 결과는 참혹했다.

역사를 통틀어 많은 사람들이 자신의 신앙과 가치 때문에 목숨을 잃었다. 예를 들면, 나치의 유대인 핍박기간 동안 유대인임을 숨기지 않은 사람들은 죽음을 맞아야 했다. 초기의 많은 기독교인들도 자신의 신앙 때문에 처형을 당했다. 이슬람교도들 중에도 기독교로의 전향을 거부하다가 종교재판 중 죽음을 당한 사람들이 많다. 이런 희생자들은 자신의 신앙과 정체성 때문에 목숨을 잃어야 했지만, 성실함은 지켰다.

이것은 사람들이 할 수 있는 가장 어려운 윤리적 결정들 중 하나일 것이다. 당신은 자신의 윤리 원칙을 지키기 위해 죽을 수 있겠는가?

생 | 각 | 해 | 봅 | 시 | 다

당신은 어디까지 성실함과 정직함을 지킬 수 있겠는가? 당신은 거짓을 말하고 목숨을 구하느니 정직한 편을 택하겠는가? 아니면 목숨을 구할 수만 있다면 자신의 정체를 숨기려고(혹은 거짓을 말하려고) 하겠는가?

솔직히, 거짓말을 해서 그 결과로 다른 사람이 목숨을 잃지 않는다면, 나는 살기 위해서 내가 할 수 있는 모든 일(그것이 비록 거짓을 말하는 것이라 하더라도)을 할 것 같다.

당신은 어떤가? 당신이 신앙과 정체성 때문에 박해를 당하고 있다고 상상해보라. 당신이 유대인 학살기간에, 십자군전쟁 때, 종교재판 때 숨어 있었다고 가정해보자. 누군가가 당신에게 하나님을 믿느냐고 묻는데, 진실을 말하면 죽게 되리라는 것을 안다고 가정해보자. 당신은 무어라고 말하겠는가? 눈을 감고 이런 장면들을 그려보라.

위의 '생각해봅시다'를 통해서 당신은 스스로에 대해서 무엇을 알게 되었는가? 성실과 정직에 대한 바람이 당신을 어디까지 버티게 할 것 같은가? 이 목표를 추구할 때의 한계는 어디까지인가?

생 | 각 | 해 | 봅 | 시 | 다

이 연습은 살아가면서 성실이라는 원칙을 적용하고자 할 때 생각해야 할 것들을 정리하는 데 도움이 될 것이다.

지난 24시간 동안 당신이 내렸던 결정이나 사람들과의 상호작용을 모두 생각해보라. 당신이 성실하게 혹은 성실하지 못하게 행동한 경험이나 기회를 떠올려볼 수 있겠는가? 수첩을 살펴보라. 당신은 지난 하루 동안 얼마나 성실하게(혹은 성실하지 못하게) 행동했는가?

역할모델을 찾아라

성실하게 행동할 가능성을 높이는 한 가지 방법은 이 같은 목표를 추구하는 사람들과 가까이 하는 것이다. 이 방법에는 몇 가지 장점이 있다. 첫째, 다른 사람들의 성실한 행동과 결정을 본보기 삼아 당신도 유사한 상황에서 좋은 결정을 내릴 수 있다. 둘째, 당신 또한 남들에게 성실함의 모델이 될 수 있다. 당신의 아이들, 친구들, 동료들, 직원들은 당신의 말이 아닌 행동에서 더 많은 것을 배울 것이다. 남들에게 정직하고 공정하라고 말하기는 쉽지만, 그런 행동의 모델이 되는 것은 훨씬 어려운 일이다. 셋째, 같은 마음을 가진 사람들에게서 사회적 지원을 받는 것은 강력한 힘이 된다. 사회심리학자들은 사람들이 끊임없이 자신을 남들과 비교하고 사회적 규범에 근거해 자신의 행동을 조정한다는 것을 다양한 방식을 통해서 검증했다.

주위에 성실한 사람이 있으면 우리는 성실한 사람이 되는 데 필요한 사회적 지원과 격려를 얻을 수 있다. 윤리적인 역할모델을 갖는 것은 윤리적으로 바람직한 결정을 내리는 데 도움이 된다.

당신의 인생에서 윤리적 모델로서 존경할 만한 사람은 누구인가? 현재 그런 윤리적 모델이 없다면 어디서 찾을 수 있는가?

당신의 삶에서 성실함의 모델은 누구인가? 누구를 본보기로 삼아 당신 자신
을 모델화할 수 있을까?

위의 '생각해봅시다'를 통해서 배운 것은 무엇인가? 당신에게는 모
델이 있는가? 만일 없다면, 왜 그런가? 있다면, 그들은 당신이 윤리적
으로 행동하는 데 어떻게 지침이 되고 영감을 주는가?

자신을 검증하라

성실함을 기르기 위해서는 반드시 검증을 해보아야 한다. 자신은
정직하고 공정하고 정의롭고 성실한 사람이라고 생각하는 것은 쉬울
지 모르지만, 늘 그렇게 행동하고, 성실한 행동이 가져올 수도 있는 부
정적인 결과를 기꺼이 감당하는 것은 별개의 일이다. 바로 이 지점에
서 어려운 윤리적 결정이 발생한다.

예를 들어, 타인과의 관계에서 더 정직해지기로 한 당신이 물건을
팔아야 한다고 가정해보자. 당신은 당신이 파는 제품이나 서비스의
좋은 점과 나쁜 점에 대해서 가능한 한 정직하려고 한다. 만일 완전히
정직하다면 당신의 영업실적은 올라갈까, 내려갈까? 영업 목표치에
도달하지 못하면 당신은 직업을 잃게 될까? 직업을 잃는 것은 당신 가
족의 행복에 해가 되지 않을까?

또 다른 상황을 가정해보자. 부양가족까지 있는 당신은 실직으로
인해 경제적 어려움을 겪고 있다. 새로운 직장을 찾던 중 한 회사와 면
접을 보게 되었다. 그런데 면접을 하는 동안 완전히 정직한 태도로 일
관하면 그 직업을 놓칠지도 모른다는 생각이 든다. 어떻게 하겠는가?

자신을 검증할 수 있는 방법은 무엇인가? 최근 몇 주 동안 정직하지 못하게 일을 처리한 경우가 있는지 생각해보라. 만일 그때로 다시 돌아갈 수 있어서 이번에는 완전히 정직하게 행동한다면 어떤 일이 벌어질 것 같은가?

사람들은 도전적인 삶의 경험들이 인격을 형성한다고 말한다. 심각한 질병, 사업 실패, 가난, 범죄의 희생자가 되는 것, 이혼, 사랑하는 사람의 죽음, 그리고 그 외의 삶의 어려운 사건들이 주는 스트레스는 우리를 특정한 유형으로 형성한다. 니체가 말했듯이, "우리를 죽이지만 않는다면 그런 경험들은 우리를 더 강하게 만든다."

생 | 각 | 해 | 봅 | 시 | 다

지금까지 살면서 당신에게 일어난 최악의 사건 열 가지를 적어보라. 각 사건 옆에 그 경험으로 인해 자신이 어떻게 변했는지를 적어보라. 각 경험으로 인해서 당신은 더 나은 방향으로 변했는가, 아니면 더 나쁜 방향으로 변했는가? 이제 그 경험들이 당신의 성실함에 어떠한 도전이 되었는지 적어보라. 당신의 성실함에 도전이 된 경험도 있고, 그렇지 않은 경험도 있을 것이다.
이들 경험을 통해서 당신은 더욱 성실해졌는가? 왜 그런가, 혹은 왜 그렇지 않은가?

도전적인 삶의 경험들은 우리 자신의 인격을 검증하고 계발하는 데 도움이 된다.

위의 '생각해봅시다'를 통해서 무엇을 배웠는가? 삶의 도전들은 당신이 성실한 사람이 되는 데 도움이 되었는가? 왜 그런가, 혹은 왜 그렇지 않은가?

실수를 극복하라

실수를 전혀 하지 않는 완벽한 사람이 있을까? 살다 보면 누구나 유혹에 빠질 때가 있다. 일상생활에서 최고의 성실함을 유지하고자 하는 사람들도 간혹 성실하지 못한 행동을 할 수 있다. 그런 실수를 당신은 어떻게 극복하는가?

행동을 바꾸고 유지하기란 쉽지 않다. 예를 들어서, 애써서 몸무게를 감량한 사람들 대다수가 몇 년 이내에 감량 이전의 몸무게로 다시 돌아간다. 펜실베이니아 대학의 연구에 따르면, 몸무게를 감량했던 사람들의 90퍼센트가 5년 이내에 원래의 몸무게로 돌아간다고 한다(Wadden 외, 1989). 윤리적 접근도 마찬가지다. 아무리 좋은 의도를 지니고 있다 하더라도 언제나 완벽한 행동이 뒤따르는 것은 아니다.

린이라는 이름의 한 여성은 어렸을 때 동네 상점에서 사탕을 훔친 적이 있다. 그녀는 죄의식에 사로잡혀서 몇 년 동안이나 자신의 도덕적 실수를 만회하기 위해 그 가게에 돈을 가져다 놓곤 했다. 가게에 돈을 가져다 놓는다고 해서 자신의 과거가 없어지는 것은 아니지만, 어린아이였을 때의 판단 실수를 만회하는 한 가지 방법이 될 수는 있을 것이다.

당신은 윤리적이지 않은 행동을 했을 때 어떻게 반응하는가? 성실과 관련하여 윤리적 실책을 범할 때 어떻게 극복하는가?

늘 성실하게 행동하고자 하는 목표에 못 미친다 하더라도 포기해서는 안 된다. 실책을 극복하고 전략을 개발하여 성실함을 회복하고 유지하도록 노력해야 한다. 윤리적 실책을 인식하고 행동을 변화시킴으로써 그 실책으로부터 회복될 수 있을 것이다.

생 | 각 | 해 | 봅 | 시 | 다

성실하게 행동하지 않았던 상황을 생각해보라. 아마도 누군가에게 정직하지 못했거나 불공정했을 것이다. 그런 실수를 다시 하지 않으려면 말과 행동이 어떻게 달라져야 할까? 잘못된 것을 바르게 고치기 위해서 당신은 어떤 노력을 해야 할까?

　성실은 윤리적 삶을 살아가는 토대다. 성실은 정직하고 공정하고 정의로우며 도덕적 중용을 따르는 일이다. 도덕적 중용은 비윤리적인 방식으로 행동하고자 하는 유혹에 의해 날마다 도전을 받는다. 단기간의 이익을 얻기 위해 정직하지 않고 공정하지 않은 방식으로 행동하고 싶은 유혹은 누구에게나 찾아오게 마련이다. 아무리 의도가 좋다고 해도 형편없는 결정을 내릴 가능성은 여전히 존재한다.

　그러나 다른 이들에게 모범이 되고자 노력하고, 역할모델을 찾으려고 애쓰며, 성실을 유지하는 데 헌신하고자 하는 동기가 높다면, 성실을 유지하는 윤리적 결정을 내릴 가능성은 높아질 것이다.

　그리고 당신과 같은 마음을 가진 이들이 주위에 있으며, 실책을 극복할 전략이 있고, 모든 일 속에서 성실과 관련된 문제를 볼 수 있는 안목이 있다면, '윤리 근육'을 발달시킬 수 있을 것이다. 작은 문제에서 성실을 유지하고 일상생활에서 성실하게 행동하는 습관을 들인다면, 정말로 어려운 문제와 딜레마가 당신에게 왔을 때 성실하게 행동할 수 있을 것이다.

다음과 같이 어려운 윤리적 결정을 내려야 하는 상황에서 지금까지 배운 것을 활용해보자.

1. 당신의 아이가 술에 취해 뺑소니 사고를 냈고 그 때문에 누군가 심하게 다쳤다는 사실을 알게 되었다. 당신은 경찰서에 가겠는가? 왜 그렇게 하겠는가, 혹은 왜 그렇게 하지 않겠는가?

2. 현금 100만 달러가 든 가방을 발견했다. 당신은 그것을 그냥 챙길 것인가? 왜 그렇게 하겠는가, 혹은 왜 그렇게 하지 않겠는가?

3. 당신의 집을 지은 건축업자가 계산상의 착오로 집을 짓는 데 들인 노동에 비해 비용을 1만 달러나 덜 청구했다. 당신은 그 착오를 바로 잡을 것인가? 왜 그렇게 하겠는가, 혹은 왜 그렇게 하지 않겠는가?

Chapter 4

능력

앞 장에서는 윤리적 삶을 살아가는 데 있어서 필수적인 태도인 성실에 대해 살펴보았다. 성실은 다른 윤리적 자질을 계발하고 함양하는 데 반드시 선행되어야 할 요건이다.

이번 장의 초점은 능력이다. 윤리적인 삶을 살고 바른 행동을 하기 위해서는 일과 개인의 삶에서 능력을 갖춰야 한다. 삶에서 요구되는 다양한 역할과 의무에 대해 무능력하다면 윤리적인 삶을 살기 어렵다. 다른 윤리 원칙들과 마찬가지로, 능력을 갖춘다는 것은 말처럼 쉬운 일이 아니다. 무엇이 능력이고 무엇이 능력이 아닌지 당신은 정확히 아는가? 자신이 다양한 역할에 있어서 충분히 능력이 있는지 스스로 알고 있는가? 능력을 유지하기 위해서 당신은 무엇을 할 수 있는가? 특정한 영역이나 특정한 상황에서 자신이 무능력하다는 것을 깨닫는다면 당신은 어떻게 행동하겠는가? 능력을 기르고자 하는 동기를 어떻게 만들어낼 수 있을까? 이것들이 바로 이 장에서 만나게 될 어려운 질문들이다.

능력은 윤리와 어떤 관계가 있는가? 당신이 자신을 자동차 기계공이라고 소개하면, 사람들은 자신의 차에 문제가 생겼을 때 그 분야의 전문가인 당신에게 의지할 것이다. 또한 당신이 친구라면, 사람들은 당신에게서 다정함과 배려, 관심을 기대할 것이다.

삶에서 요구되는 역할을 제대로 유지하려면 그러한 역할에 요구되는 능력을 갖추어야 한다. 그런 의미에서 능력은 성실과 관계가 있다. 가령, 스스로를 능력 있는 피아노 교사라고 소개한 당신이 피아노를 제대로 가르치지 못한다면, 당신은 성실하게 행동하지 못하는 셈이다. 따라서 윤리적으로 행동하기 위해서는 자신의 영역에서 능력을 갖추고 유지할 수 있어야 한다.

능력이 있다는 것은 부모, 친구, 연인, 시민, 운전자, 기타 등등의 역할을 충분히 해낸다는 의미일 뿐만 아니라, 전문적인 분야에서도 충분히 일을 잘해낸다는 것을 의미한다. 그렇다면 충분히 잘해낸다는 것의 의미는 무엇이며, 자신의 능력을 어떻게 평가할 수 있을까?

생 | 각 | 해 | 봅 | 시 | 다

자신이 수행하는 다양한 역할에 대해서 생각해보자.

직업인, 어머니, 아버지, 친구, 운전자, 시민 등 자신의 여러 역할에 대해 생각해보고, 가장 중요한 역할 다섯 가지를 생각해보라. 그것을 자신에게 중요한 순서대로 적어보라.

다음으로 자신이 각 역할에 걸맞는 능력을 갖추고 있는지 자문해보라. 상대적으로 더 능력이 있다고 느껴지는 역할이 있을 것이다. 주요한 다섯 역할들 각각의 능력 수준은 어느 정도 되는지 생각해보라. 1은 '완전히 무능력한 것'이고 10은 '완전히 능력이 있는 것'이라고 볼 경우, 1부터 10까지의 척도로 다섯 가지 역할에 대해서 스스로 점수를 매겨보라.

이번에는 각각의 역할에서 당신을 가장 잘 알고 있는 사람들이 당신을 어떻게 판단할지 생각해보고, 동일한 척도를 활용하여 자신을 평가해보라. 예를 들어, 다른 운전자나 당신과 함께 운전을 해본 사람들은 운전자로서의 당신을 어떻게 평가하겠는가? 직장에서 당신의 상사와 동료는 당신의 능력을 어떻게 평가하겠는가? 당신의 배우자와 자녀는 부모로서의 당신을 어떻게 평가하겠는가? 혹은 그들에게 직접 당신을 평가하도록 부탁해볼 수도 있을 것이다.

위의 '생각해봅시다'를 통해서 스스로에 대해서 무엇을 알게 되었는가? 당신은 모든 일에서 능력이 뛰어난가? 남들은 당신이 능력이 뛰어나다고 생각하는가? 당신이 능력을 갖추고 있는 분야와 그렇지 못한 분야는 무엇인가? 당신이 한두 가지 역할에서 능력이 없다면 그 결과는 어떻게 될까?

자신의 능력을 평가하는 방법

위의 '생각해봅시다'를 통해 평가해보았듯이, 대부분의 삶의 영역에서는 능력 수준을 객관적으로 판단하기가 어렵다. 연구에 따르면, 무능력한 사람들은 대부분 자신이 무능력하다는 것을 알지 못한다(Kruger & Dunning, 1999). 사람들은 보통 스스로를 관대한 시각에서 보려 하기 때문이다. 물론 우울증이 있거나 자존감이 낮은 사람들은 자신의 능력을 아주 부정적으로 바라보기도 한다. 하지만 우울증에 걸린 사람이 그렇지 않은 사람보다 자신의 능력을 더 현실적으로 판단하며, 대부분의 사람들은 자신의 기술과 능력을 과대평가한다는 흥미로운 연구결과도 있다.

사람들이 타인과 자신을 어떤 눈으로 바라보는지를 다음의 경우에 비추어 생각해보자. 예를 들어, 누군가 고속도로에서 당신 앞을 가로질러 너무나 갑작스럽게 차선을 변경했다고 해보자. 당신은 그 운전자를 어떻게 생각하겠는가? 그가 운전을 매우 잘한다고 생각하겠는가? 아마도 아닐 것이다. 그러나 반대로 누군가의 앞을 가로질러 간 사람이 바로 당신이라면 당신은 스스로를 바보 같다고 생각하겠는가? 스스로를 운전도 제대로 못하는 놈이라고 욕하겠는가? 아마도 아닐 것이다. 당신은 "다른 뭔가에 정신이 팔려 있었어."라는 식으로 자신의 실수를 해명하고 핑계를 댈 것이다.

위의 상황이 윤리와 무슨 관계가 있는지 의아하게 여겨질 수도 있을 것이다. 운전을 할 때, 당신과 다른 운전자들은 어느 정도 상해와 사망의 위험에 처한다. 교통사고는 끊임없이 일어나고 있으며, 대부분의 사고가 부주의나 음주, 혹은 졸음 등으로 인해 발생한다. 과도한 음주 후에 운전을 한다면, 브레이크가 제대로 작동하지 않는 것을 알면서 운전을 한다면, 혹은 매우 화가 난 상태에서 운전을 한다면, 당신은 무능력한 운전자가 될 가능성이 있다. 무능력한 사람이 차를 운전한다는 것은 치명적인 결과를 가져올 가능성을 아주 높이는 행위다. 운전대 앞에서 무능력한 것은 결국 비윤리적이라는 사실을 이제는 이해할 수 있을 것이다.

이중 잣대를 적용하지 마라

위에서 제시한 운전 상황은 우리가 다른 사람들을 '기질'에 비추어서 판단하고 있음을 잘 보여준다. 즉, 다른 사람의 행동을 설명할 때는 그것을 그 사람의 만성적이고 고질적인 기질 탓으로 돌린다는 말이다. "바보 아냐? 빨간 불에도 차를 몰다니!"라든가 "이렇게 끼여들다니, 정말 난폭한 여자군." 하는 말이 그 예다.

반면에 자신의 행동에(특히 나쁜 행동일 경우) 대해서는 상황에 비추어서 이해하려고 한다. "빨간 불인데 지나간 건 내가 얼마나 빨리 가고 있는지 제대로 판단하지 못했기 때문이야."라든가, "사각지대라서 그 앞으로 끼어든 거야."라는 변명 등이 그 예다.

이렇듯 이중적인 판단기준은 자신과 남들의 능력을 평가할 때도 적용된다. 남의 능력에 대해 말할 때는 이분법적이며 기질과 관련한 용어가 사용된다. 가령, "우리 상사는 멍청하고 너무 무식해." "그 의사 정말 굉장하군."과 같은 식이다. 남들은 능력이 있거나 없거나 둘 중 하나이며, 그들은 원래부터 그랬다는 것이다.

그러면서 자신의 능력은 과대평가하고, 자신이 가진 부정적이고 문제 있는 행동들은 상황에 맞춰 평가하려고 한다(Kruger & Dunning, 1999). 예를 들어, 작업수행평가에서 비판을 들으면, "훈련과 좋은 피드백을 좀더 받았더라면 더 잘할 수 있었을 텐데." 하고 변명하고 싶을 것이다. 당신의 잘못은 개인의 능력 문제가 아니라 관리자, 너무 많은 기대, 충분치 못한 자원, 자질이 형편없는 동료들 때문이었다고 평계를 대는 것이다. 사람들은 상사나 동료로부터 부정적인 피드백을 받으면 자신보다는 다른 것이나 다른 사람들에게 비난의 화살을 돌리며 방어적인 태도를 취한다. 괜히 중간에서 심부름한 사람에게 화를

넬 수도 있다. 사람들이 보통 다른 사람에게 나쁜 소식을 알리고 싶어
하지 않는 이유 중 하나도 (특히 그것이 정확한 피드백일 경우에) 자신들
이 피드백을 받는 사람에게서 비난을 받을 것 같기 때문이다.

자신의 능력을 평가할 때는 편견을 갖는 것이 보통이다. 대부분의
사람들은 직장이나 가정에서 요구되는 역할에 대해 스스로 무능력하
다고 생각하지 않는다. 무능력이 심하게 눈에 띄거나 그 결과가 심각
한 경우가 아니라면, 우리는 대개 자신이 능력이 있다고 생각하면서
일을 해나간다.

자신의 능력을 평가할 때 활용할 수 있을 지침들

자신에게 능력이 있는지 없는지를 분명히 평가하기 위해서 우리가
할 수 있는 몇 가지가 있다. 가령, 프로야구 게임이라면 능력과 무능력
의 차이가 좀더 분명하게 판단된다. 무능력한 타자는 안타를 치지 못
하고 타율이 매우 낮을 것이고, 무능력한 야수는 실책이 많을 것이다.
당신이 타자나 야수로서 무능력하다면 프로야구 세계에서 오래 살아
남지 못할 것이다. 그러나 삶의 대부분의 역할들은 그렇게 명확하지
않다. 어떤 행동들은 분명히 능력과 무능력이 판가름되지만, 대부분
은 그 선이 그리 분명하지 않다.

그렇다면 자신이 하는 일에서 스스로 능력이 있는지 없는지를 어떻
게 알 수 있을까? 그것은 당신이 하는 역할이 무엇이며, 당신이 자신의
능력을 평가하는 데 어떤 기준을 적용하는지에 따라 달라질 수 있다.
그러나 능력과 무능력을 제대로 판단할 수 있는 유용한 지침과 원칙
이 없는 것은 아니다.

객관적인 기준 찾기

앞에서 당신은 당신 삶에서 가장 중요한 역할 다섯 가지를 열거했다. 그 목록을 다시 보고, 다섯 역할들 각각에 있어서 자신의 능력 수준을 평가할 수 있는 객관적 기준이 있는지 자문해보라.

당신이 부모라면, 무엇이 당신의 능력 수준을 결정할까? 영화배우 로잔느 바는 "나는 하루가 끝날 때 아이들이 무사한지를 본다. 그게 내가 엄마로서 하는 일의 전부다."라고 말했다. 부모로서 자신의 능력 수준이 낮다는 것을 유머러스하게 드러낸 것이다.

당신이 생각하는 능력 있는 부모의 객관적인 기준의 목록을 만들어보라. 그 목록에는 아이들에게 적절한 영양과 의복과 주거를 갖춰주고, 양육을 하며, 방치하거나 학대하지 않아야 한다는 등의 내용이 포함될 것이다. 그러나 각 기준이 항상 명확한 것은 아니다. 게다가 이 지침에도 예외는 있을 수 있다. 가령, 부모로서의 능력은 탁월하지만 아주 가난하다면 자녀에게 영양과 의복, 주거를 제대로 갖춰주기 어려울 것이다. 반면, 기본적인 의식주를 제공하는 데는 아무런 어려움이 없는 부유한 사람도 정서적으로 아이를 방치하거나 육체적으로 학대할 수 있다.

> **생 | 각 | 해 | 봅 | 시 | 다**
>
> 자신이 인생에서 가진 능력들을 구체화시켜보자.
> 당신이 수행하는 다섯 가지 역할 목록을 훑어보고, 그 역할에 있어서 당신의 능력 수준을 평가하는 데 활용할 수 있는 객관적인 기준이 있는지를 자문해보라. 그리고 각 역할에 해당하는 기준이 무엇인지 적어보라.

위의 '생각해봅시다'를 통해서 알게 된 것은 무엇인가? 자신의 능력을 평가하는 데 활용할 수 있는 분명한 기준이 있는가? 없다면, 스스로를 평가하는 방법을 어떻게 알아낼 수 있을까?

피드백 받기

다음으로는 자신의 능력이 어떤지에 관해 효과적이면서도 편견 없는 피드백을 구하기 위해 노력해야 한다. 물론 다른 사람에게서 효과적인 피드백을 받기가 늘 쉬운 것은 아니다. 어떤 사람들은 당신의 감정을 상하게 하고 싶지 않아서 당신에 대해 느낀 점을 정직하게 말하지 않을 가능성이 있다. 혹은 숨겨진 의도 때문에 특히 긍정적이거나 부정적인 시각에서 당신을 평가할 수도 있다. 또 당신을 면밀히 관찰하지 않았기 때문에 당신이 무슨 일을 하는지, 어떻게 일을 해내는지를 제대로 알지 못할 수도 있다. 그러므로 상당한 한계가 있을 수 있다는 점을 인정하고 객관적인 평가를 얻으려고 노력할 필요가 있다.

> 생 | 각 | 해 | 봅 | 시 | 다
>
> 다섯 가지 역할을 적은 목록 옆에, 각 역할에 있어서 당신의 능력을 잘 판단할 수 있다고 생각되는 사람들의 목록을 적어보라. 그들에게 그 역할에 대한 당신의 능력을 정직하게 평가해달라고 부탁할 수 있는가? 그 역할에서 당신의 장점과 약점이 무엇인지 평가해달라고 부탁할 수 있는가?

위의 '생각해봅시다'를 통해서 무엇을 배웠는가? 당신에게는 객관적이고 사려 깊은 피드백을 줄 수 있는 사람들이 충분히 있는가? 그들에게서 무엇을 배울 수 있는가?

피드백을 받는 것이 쉬운 일은 아니다. 특히 비판의 말을 듣는 것은 곤혹스런 일이다. 대부분의 사람들은 비판을 들으면 핑계를 대거나 부인하거나 합리화하거나 하는 식으로 반응한다. 그 비판이 피드백이 목적이 아니라면 듣는 사람으로서 방어적인 태도를 갖게 되는 게 당연하다. 당신에게 도움을 주려고 하기보다는 마음을 상하게 할 목적으로 피드백을 주는 경우도 있을 것이다. 그러나 상대가 좋은 의도로 말한 것이라면, 그리고 자신의 능력에 대한 객관적이고 사려 깊은 평가를 마음을 열고 받아들이려 한다면 방어적인 자세를 취하지 않도록 해야 한다. 그러나 다시 말하지만 이것 역시 말처럼 쉬운 일이 아니다.

어떻게 하면 방어적이지 않을 수 있을까? 간단한 몇 가지 지침들이 도움이 될 수 있을 것이다. 첫째, 나중에 검토해볼 수 있도록 피드백을 적어놓고, 비판적인 말을 듣는 순간 처음으로 느껴지는 감정은 되도록 드러내지 않아야 한다. 둘째, 피드백이 왔을 때는 아무 말도 하지 말고 듣기만 하라. 그 내용을 기록하는 것도 좋다. 셋째, 당신을 잘 아는 또 다른 사람에게 그 피드백을 검토하도록 하고 이치에 맞는 것과 맞지 않는 것을 판단하도록 부탁하라.

자신의 능력 수준을 평가하는 객관적인 기준을 찾고, 효과적인 피드백을 얻고, 방어적이 되지 않도록 하는 과정을 거쳐, 자신이 수행하고 있는 역할 중 어떤 한 가지에서 제대로 능력을 갖추지 못했다는 것을 알게 되었다고 가정해보자. 당신은 자신의 무능력을 극복하기 위해 어떻게 하겠는가? 물론 당신이 무엇을 할 것인가는 문제가 되는 그 역할이 무엇인지에 따라 달라질 것이다.

헥터의 이야기

헥터는, 자신의 아들 마이크가 어린 아기였을 때 아버지로서 겪었던 경험을 잊지 못하고 있다. 어느날 마이크가 열이 아주 높이 올랐다. 헥터는 소아과에 전화를 걸었는데, 간호사는 마이크를 어서 응급실로 데리고 가라고 했다. 응급실 내과 레지던트는 막 레지던트 훈련을 시작한 여성이었는데, 내과의에게서 지시를 받아 마이크를 진단했다. 내과의 역시 그 직책을 바로 6주 전부터 맡은 상태였다. 그녀는 요추천자를 포함하여 건강한 조직을 상하게 할 수 있는 몇 가지 검사를 하기로 결정했다. 요추천자는 뇌의 척추액을 얻기 위해 척추의 코드 부위에 바늘을 조심스럽게 삽입하는 것을 말한다. 그녀는 그런 어린아이에게 요추천자를 해본 경험이 없었다. 젊은 레지던트를 지도하는 내과의도 그렇게 어린아이에게 이런 시술을 행해본 경험이 없기는 마찬가지였다. 몇 번의 시도가 계속 실패하자 화가 난 부모들은 자신의 아들에게 그런 시행착오를 계속 겪게 할 수 없다고 거부했다. 결국, 의사들은 마이크가 요도감염이라고 판단을 내렸고, 아주 많은 양의 항생제를 주사하고 난 후 문제가 해결되었다.

의료 훈련 프로그램에서 의사들은 제대로 준비되지 않은 시스템과 경험 속에 던져진다. 앞서 언급한 레지던트가 무능력한 상황에 놓인 것은 그녀의 잘못이 아닐 수도 있다. 그러나 자신의 무능력을 윤리적인 방식으로 해결했어야만 했다. 어떤 방법이 있었을까? 그녀는 가능한 한 빨리 다른 사람으로부터 조언을 받거나 자신이 제대로 해낼 수 있는 절차만을 수행했어야 했다. 그녀는 자신이 하지 못하는 기술을 할 수 있는 척하지 말았어야 했다.

자신의 힘으로 해결할 수 없는 상황인 줄 알면서도 할 수 있는 양 행동해야 하는 때가 있다. 이런 상황을 극복하는 것이 바로 윤리적 도전이다. 자신의 무능력과 맞닥뜨렸을 때, 자신의 능력을 넘어서는 일을 행해야만 할 때, 당신은 윤리적으로 어떻게 반응하겠는가?

능력을 기르는 방법

일단 자신이 어떤 영역에서 무능력하다거나 능력이 부족하다는 것을 깨닫는다면, 능력을 성취할 계획을 세워야 한다.

위의 사례에서 레지던트는 가능한 한 빨리 적절한 조언이나 정보를 구했어야 했다. 또한 환자와 동료들에게도 정직하게 상황을 설명했어야 했다. 그러나 문제는 자신이 윤리적으로 행동했을 때 직장을 잃을 수도 있고 병원에 혼란을 일으킬 수도 있다는 점이었다. 병원 측에서는 그녀가 자신의 한계에 대해서 솔직하게 말하지 않기를 바랐을지도 모른다. 그녀는 '윤리적으로 행동할 것인가, 그래서 자신의 경력에 심각한 오점을 남길 것인가?'라는 어려운 결정에 맞닥뜨렸던 것이다. 어쩌면 그녀가 경험이 없고 특정한 의료절차를 수행할 능력이 부족하다는 것을 환자에게 알리지 말라고 상사가 지시했을 수도 있다. 그런 상황에서 그녀는 어떻게 해야 했을까?

당신이라면 어떤가? 당신이 더 노력해서 능력을 갖춰야 하는 영역은 무엇인가? 능력을 얻으려는 당신의 전략은 아마도 관련된 영역이 무엇이냐에 따라 달라질 것이다. 가령, 더 능력 있는 노동자가 되려는 노력은 더 능력 있는 친구가 되려는 노력과는 매우 다를 것이다. 그러나 일반적인 지침이 될 만한 유용한 원칙들이 몇 가지 있다.

능력을 얻기를 희망하라

우선, 능력을 기르기를 원해야 한다. 원하지 않으면 어떤 영역에서도 능력을 향상시킬 수 없다. 당신은 능력을 향상시키는 데 시간과 노력을 들일 의향이 있는가? 물으나마나 한 질문이라고 생각하는가? 하지만 실제로 어떤 능력을 기르기 위해 시간과 노력을 들이는 사람은 많지 않다. 자신이 어떤 영역에서 능력을 향상시키고 싶은지를 스스로에게 물어보는 것은 중요한 과정이다.

> ### 생 | 각 | 해 | 봅 | 시 | 다
>
> 당신이 능력을 더 갖기 원하는 삶의 영역들을 적어보라. 그 다음 그 영역들을 원하는 순서대로 정리하여 목록을 정리하라. 1은 '동기가 없는 것'이고, 10은 '아주 높은 동기'를 나타낼 경우, 1에서 10까지의 척도로 각 영역의 능력에 대한 당신의 바람을 평가해보라.

위의 '생각해봅시다'를 통해서 무엇을 알게 되었는가? 능력을 계발하기 위해서는 우선 그 능력을 가지기를 원해야 한다.

역할모델을 찾아라

능력 있는 역할모델을 어떻게 찾을 수 있을까? 당신이 능력을 향상시키고자 하는 영역의 전문가를 찾아서 그 사람을 관찰할 수 있을 것이고, 구체적인 조언을 들을 수도 있을 것이다. 멘토나 조언자는 필요한 능력을 계발하는 데 여러 가지로 도움을 준다. 실제적인 지침을 줄 뿐더러 동기를 부여해주기도 하는 것이다.

계획을 세워라

일단 능력에 대한 바람도 있고 참고할 역할모델도 있다면, 그 목표에 도달하고자 하는 노력을 점검할 수 있는 로드맵을 만들거나 계획을 세워야 한다. 당신의 계획은 당신이 성취하고자 하는 것이 무엇인지에 근거할 것이다. 그러나 현실적으로는 단계를 나누어 계획을 작성할 필요가 있다. 당신의 계획에는 독서하기, 훈련 받기, 학교 다니기, 누군가에게서 멘토링 받기 등이 포함되어 있는가? 계획은 구체적이어야 하고, 실행할 수 있을 정도로 세부적으로 기술되어야 한다. 스케줄과 장·단기 목표를 포함시켜도 좋다.

당신이 성취하고자 하는 것을 정확히 판단하는 데 활용할 수 있는 객관적인 기준이 있는가? 능력을 갖추게 되었는지를 판단하는 데 도움이 되는 구체적인 기준을 상세하게 정리해보라.

가령, 부모로서의 능력을 더 갖추기를 바란다면 당신은 어떤 계획을 세우겠는가? 시간을 들여 부모 되기 수업을 듣거나 부모 되기에 관한 책들을 읽을 수도 있다. 혹은 훌륭하고 능력 있는 부모들이 실천하는 것을 지켜볼 수도 있다. 믿을 만한 사람에게 부탁하여 당신의 양육 태도를 관찰하고 평가해달라고 할 수도 있다. 아니면 소리를 지르지 않고서도 아이들에게 방을 청소하게 하는 법, 혹은 아이들이 제때에 일어나 학교에 늦지 않도록 하는 법과 같은 구체적인 행동이나 특정한 양육 딜레마를 해결하는 것에서 시작할 수도 있다.

생 | 각 | 해 | 봅 | 시 | 다

102쪽의 '생각해봅시다'에서 만든 역할 목록을 가지고 자신이 더 능력이 있기를 바라는 영역들의 개요를 작성해보자.

목록의 각 항목마다 목표와 계획을 세워 적어 넣어라. 자신이 얼마나 발전했는지를 평가할 시간 틀도 포함하라. 한 달 후에 당신이 성취하고자 하는 것은 무엇인가? 6개월 후, 1년 후에 당신이 성취하고자 하는 것은 무엇인가? 멘토나 모델, 조언자가 될 수 있는 사람들도 적어보자.

위의 '생각해봅시다'를 통해서 배우게 된 것은 무엇인가? 당신의 목표는 현실적인가? 당신의 계획은 현실적인가? 조언자나 멘토와 자신을 동일시할 수 있는가? 왜 그런가, 혹은 왜 그렇지 않은가?

능력을 유지하는 방법

일단 능력을 성취한 다음에는 어떻게 해야 할까? 한번 형성된 능력은 어떻게 유지할 수 있을까? 사실, 오늘은 유용했지만 내일이면 쓸모없어져버리는 능력들도 많다.

당신이 정말 좋은 의사가 되고 싶어한다고 가정해보자. 당신은 뛰어난 재능도 지니고 있다. 그러나 과학기술의 급속한 발달 때문에 당신이 가진 기술과 능력들 중 많은 것들은 금방 쓸모없는 것이 될 수 있다. 수년 전에 훌륭한 의사였다고 해서 지금도 훌륭한 의사일 수 있는 것은 아니다. 이는 매우 중요한 윤리적 문제를 제기한다. 의사의 능력은 환자의 생사와 관련이 있기 때문이다. 끊임없이 훈련하고 경험을 쌓지 않으면 능력은 급격히 감퇴한다.

그렇다면, 어떻게 능력을 유지해야 할까? 앞에서 논의된 원칙들이 여기서도 마찬가지로 도움이 될 것이다.

동기를 찾아라

우선, 능력을 유지하고 싶어해야 하며, 능력을 유지하는 데 필요한 활동을 하길 원해야 한다. 당신은 이미 수년에 걸쳐서 다양한 기술과 능력을 계발했을 수도 있다. 그러나 시간이 지남에 따라 어떤 것은 유지시키고, 어떤 것은 그냥 감퇴하도록 내버려둘 것인지를 선택해야 할 것이다. 삶의 어떤 영역에서 당신은 가장 능력을 유지하길 바라는가? 그리고 감퇴되어도 무방한 능력들이 있는가?

멘토와 모델을 찾아라

둘째로, 다른 사람에게는 능력이 어떻게 나타나는가를 잘 관찰하기 위해서는 적절한 모델, 조언자, 멘토 등을 가까이 둘 필요가 있다. 다른 사람의 능력을 관찰하다 보면, 더 많은 영역에서 능력을 유지할 수 있다. 가령, 외과 수술 절차와 기술은 교과서나 의학 학술지의 사례를 참고하는 것보다는 능력 있는 의사의 수술 장면을 직접 관찰하는 편이 훨씬 더 도움이 된다. 외국어를 잘하는 능력을 유지하고 싶다면, 관심 있는 언어로 씌어진 책을 읽는 것 이상의 노력이 필요하다. 아마도 다른 사람들이 말하는 것을 지켜보고 그 언어로 다른 사람들과 대화를 나누어야 할 것이다.

계획을 세워 실행하라

능력을 유지하기 위해서는 어떻게 능력을 계속해서 성취할 것인가에 대한 계획을 세워야 한다. 재교육을 받거나, 정기적으로 모델이나 조언자를 만나거나, 평생교육 워크숍을 듣거나, 관심 주제에 관한 최신 정보를 읽거나, 정규적으로 피드백을 받을 수도 있다. 이 모든 것들은 당신의 능력 수준을 높게 유지하는 데 도움이 될 것이다.

포기하라

도저히 따라잡을 수 없을 때는 그냥 포기하라. 이는 자신의 능력을 객관적으로 평가하여, 한때는 매우 능력 있던 분야에서 더 이상은 능력이 없다는 것을 인정하는 것이다.

생 | 각 | 해 | 봅 | 시 | 다

102쪽의 '생각해봅시다'에서 만든 역할 목록들을 다시 검토해보자.

어떤 것들을 포기해야 할까?

어떤 것들을 유지해야 할까?

능력을 유지하기 위해 당신은 어떤 계획을 가지고 있는가?

당신의 목표를 유지하는 데 도움이 되는 사람은 누구일까?

실책을 극복하는 방법

당신은 무능력한 행동을 한 후 어떻게 그 실책을 극복하는가? 무능력이 드러나는 순간에 직면했을 때 우리는 어떻게 해야 할까?

여기에 앞에서 논의한 성실의 윤리적 토대가 도움이 될 수 있다. 무능력에 빠질 수밖에 없는 상황을 극복하기 위해서는 먼저 성실성에 대한 감각을 계발할 필요가 있다. 가령, 수년 동안 1학년만을 가르치던 당신에게 이제 6학년을 가르치라는 요구가 주어졌다고 가정해보자. 혹은 당신은 세법 전문가인 변호사이지만, 형법을 다루고 싶어한다고 가정해보자.

교사라면, 동료들을 관찰하거나 다른 교사들로부터 조언을 구할 수 있을 것이다. 변호사라면, 다른 변호사를 지켜보거나 조언을 구하고, 추가적으로 훈련을 받을 수도 있다. 일반적으로, 이런 상황에서는 성실하게 접근하는 것이 중요하다. 즉, 정직하고 공정하고 정의롭고 솔직해야 한다. 자신의 한계에 대해 다른 사람에게 솔직할 수도 있다. 그렇게 하면 사람들에게 상황을 알리고 동의를 구할 수 있다. 당신의 강점과 약점이 무엇인지, 능력을 성취하기 위해 당신이 어떻게 노력하고 있는지를 사람들에게 알리는 것이다.

능력이나 능력 부족과 관련하여 성실을 유지한다는 말은 스스로에게 솔직하고 정직해지는 것을 의미하기도 한다. 하지만 중요한 영역에서 자신이 더 이상 능력이 없다는 것을 인정하기란 정말 어려운 일이다.

진의 이야기

진은 오랫동안 알코올과 약물 중독 문제로 고생했다. 그녀는 간호사이고, 세 명의 어린 자녀가 있다. 그녀는 간호사로서, 부모로서 최근 몇 달 동안 자신의 능력이 급격하게 떨어졌다는 사실을 깨달았다. 그녀는 좋은 간호사와 부모가 되려고 나름대로 노력을 했지만, 자신의 의무들을 제대로 수행하기 위해서는 능력 있는 동료들과 남편의 도움을 받아야 한다는 것을 인정했다. 또한 다시 능력 있는 간호사와 부모가 되기 위해서는 먼저 약물 남용 문제와 우울증을 해결해야 한다는 것도 인정했다.

자신이 더 이상 능력 있는 간호사와 부모가 아님을 인정하는 것은 고통스러운 일이었다. 하지만 그녀는 성실하게 자신에게 정직해졌고, 자신의 약점과 한계를 인정했으며, 자신의 환자와 자녀의 안녕을 위해서 적절한 계획을 세웠다.

일단 스스로에게, 그리고 다른 사람들에게 정직해지면, 자신의 실책을 극복할 수 있는 구체적인 계획을 세울 준비가 된 것이다. 조언을 듣거나 훈련을 받거나 독서를 하는 것 등이 계획에 포함될 것이다. 자신의 실수로 인해 피해를 입은 사람들에게 사과를 하거나 특정한 영역에서 일하는 것을 그만두는 것도 여기에 포함될 수 있다.

필의 이야기

필은 심각한 파킨슨 증후군을 앓고 있다. 그는 심리치료사로 일하고 있지만, 자신이 얼마나 더 오래 환자들을 치료할 수 있을지 의문을 가지고 있다. 다행히 심리치료사로서는 정확하게 생각하고 말할 수 있으면 되며, 질병이 악화될 경우에는 심각한 문제가 될 수도 있는 세

밀한 동작들은 하지 않으면 된다. 그는 임상 심리치료사로서 자신이
기능과 능력을 유지하고 있는지를 평가하기 위해 규칙적으로 동료에
게 조언을 구하고 있다.

결론

이 장에서는 윤리적이기 위해서는 일과 개인의 삶에서 능력을 갖출 필요가 있음을 강조했다. 많은 영역에서 능력을 갖기란 쉽지 않으며, 그것을 유지하기란 더욱 어렵다. 무능력한 사람들 대부분이 자신이 무능력하다는 것을 인식하지 못하고 있으며, 각 영역에서 자신의 능력이 어느 정도인지 정확히 판단하지 못하고 있다. 그러므로 자신의 능력에 대해 올바른 피드백을 정기적으로 받아야 하며, 능력에 대한 객관적 기준을 가질 필요가 있다.

자신의 능력 범위 내에서 불가피하게 범하게 되는 실책을 극복하기 위해서는, 능력을 성취하고 유지해야 하며, 유지할 수 없는 능력은 포기해야 한다. 그러기 위해서는 자기 자신과 타인에게 정직하고 공정함으로써 성실함을 유지할 필요가 있다.

크고 작은 삶의 영역에서 능력을 얻고 유지하려면 윤리 근육이 필요하다. 자신의 능력에 대해 스스로에게 진정 솔직하다면 많은 대가가 요구될 수 있기 때문이다. 즉, 자신의 능력에 대해 자기 자신과 타인들에게 정직하게 되면, 직업을 잃을 수도 있고, 곤경에 처할 수도 있으며, 다른 사람에게서 존중받지 못할 수도 있는 것이다.

아래와 같은 어려운 윤리적 결정 앞에 직면했다고 가정하고, 이제까지 배운 것을 활용하여 질문에 답해 보자.

1. 당신의 상사는 실제보다 당신의 능력을 높이 평가하고 당신을 승진시켰다. 하지만 당신은 회사 내에 당신보다 그 직책에 더 적합한 자질을 갖춘 사람이 있다는 것을 안다. 그 승진을 받아들이겠는가, 아니면 좀더 적합한 사람에 대해 언급하겠는가? 왜 그렇게 하겠는가, 혹은 왜 그렇게 하지 않겠는가?

2. 당신은 어떤 조직의 장으로 선출되었다. 당신은 이를 명예로운 일이라 생각하고, 선출 결과에 자긍심을 느낀다. 그러나 사실은 선거에서 진 사람이 그 직책을 수행하기에 훨씬 더 능력이 있다는 것을 당신은 알고 있다. 어떻게 하겠는가?

3. 당신의 배우자가 가족들과 친구들이 모인 자리에서 당신의 능력과 업적을 과장해서 소개한다. 당신은 과장된 부분을 정정하겠는가? 왜 그렇게 하겠는가, 혹은 왜 그렇게 하지 않겠는가?

Chapter 5

책임

"악마가 그렇게 하라고 시켰어!" 이런 핑계를 들어본 적이 있을지 모르겠다. 1960년대에 플립 윌슨이라는 미국의 코미디언이 써서 유행했던 이 말은 "그건 내 잘못이 아니야!"라는 외침으로 유형화할 수 있는 행동 패턴이 사람들 사이에서 점차 만연되고 있음을 반영하고 있다.

자신의 행동에 책임을 지지 않으려는 것이 최근 하나의 경향이 되고 있다. 신문을 보면, 정치가, 기업의 경영자, 프로 스포츠 선수, 연예인 등이 비윤리적이거나 불법적인 행동을 한 후 남을 비난하거나 상황 탓을 하는 것을 자주 볼 수 있다.

범죄 행위와 책임 회피

우리는 매일 심각한 범죄로 누군가가 기소되었다는 기사를 접한다. 소송에서 제기되는 항변 중 대다수는 자신은 "죄가 없다."는 것이다. 피고들이 스스로 "죄가 있다."고 말하는 경우는 얼마나 될까? 죄를 저지른 사람들 중에서 "네, 제가 그랬어요."라고 말하는 사람은 몇 명이나 될까? 그들은 오해, 열정, 질투, 상대방의 배신, 참을 수 없는 욕구, 마약, 주변환경 등 '상황'이 범죄를 저지르게 했다고 주장한다.

반면, 자신이 한 일에 대해서 책임을 지는 사람은 얼마나 될까? 물론 죄 없는 사람도 기소를 당할 수 있다. 죄 없는 사람이 자신이 저지르지도 않은 범죄 때문에 수감되는 경우도 있기는 하다. 그러나 자신이 연루된 범죄 행위에 대해서 실제로 책임을 지려는 사람은 보기 힘들다. 책임을 진다고 할 때도 그 행위를 정당화하는 어쩔 수 없는 이유가 있게 마련이다(가난, 편견, 약물 남용, 이혼한 부모들 등). 자신이 죄를 저지른 것은 인정하지만, 구실을 댐으로써 자신의 행위에 대한 책임이 사실은 자신에게 있는 것이 아니라고 말하고 싶어한다.

이러한 사례 중에서 가장 놀라운 것은 '트윙키 변호(Twinkie defense)'라고 불리는 사건이다. 1978년에 전(前) 샌프란시스코 지역 감독관 댄 화이트는 샌프란시스코 시장 조지 모스콘을 총으로 쏴서 죽이고, 이어서 샌프란시스코 감독관이자 게이 운동가인 하비 밀크를 역시 총으로 살해했다. 변호사는 댄 화이트가 초콜릿 과자인 트윙키를 너무 많이 먹은 결과 올바른 판단력을 상실했다고 변호했다. 즉, 살인을 했다는 사실은 인정하지만, 트윙키의 영향 하에 그런 것이기 때문에 책임이 없다는 주장이었다.

뉴스를 보다 보면, 문제적 행동을 저지른 당사자보다는 그 주변 사람들과 상황에 책임을 돌리는 사례를 많이 접할 수 있다. 비윤리적이고, 불법적이고, 비도덕적이고, 범죄적인 행동에 영향을 미치는 요소들은 물론 많이 있을 것이다. 그러나 궁극적으로 그렇게 행동하기로 결정한 것은 사람이다. (전혀 없는 것은 아닐지라도) 악마로 인해 그런 일을 하게 되는 경우는 거의 없다.

이 장에서는 책임에 대해 다룰 것이다. 사람들은 자신의 행동에 책임을 지면 덕망을 잃게 된다고 생각한다. 그래서 좋은 일에 대해서는 책임지려 하지만("내가 열심히 공부했고 똑똑하기 때문에 시험에 합격한 거야."), 실패한 일에 대해서는 그렇지 못하다("강사가 멍청하고, 시험이 불공정해서 내가 시험에서 떨어진 거야.").

윤리적이기 위해서는 자신의 결정과 행동(좋은 것이든 나쁜 것이든)에 대해서 책임을 지려고 노력해야 한다. 이 장에서는 책임이 무엇인지를 상세히 논의하고, 윤리적으로 책임을 지고자 할 때는 어떻게 행동해야 할지를 주의 깊게 살펴볼 것이다.

책임진다는 것의 의미

책임을 진다는 것은 자신의 행위를 자신의 것으로 받아들이고 자신이 한 약속과 의무를 수행하는 것이다. 또한 책임을 진다는 것은 타인과의 사회적 계약을 지키고 의무를 다한다는 것을 의미한다. 일반적으로 책임을 진다는 것은 자신의 행위와 결정을 통제하고 자신의 행동과 말에 책임을 진다는 것이다. 다양한 외적 요소들이 당신의 사고와 행동에 영향을 미칠 수는 있지만, 당신이 한 행동을 악마나 다른 어떤 것, 혹은 다른 사람에게 전가하지 않는 것이 책임을 지는 것이다.

그렇다면, 일상생활에서 책임을 진다는 것은 어떤 의미일까? 그것은 우리가 삶에서, 그리고 사회 속에서 맡게 되는 역할들이 어떤 것이냐에 따라 달라질 것이다.

책임 있는 직원 되기

당신이 책임 있는 직원이라면, 사람들은 당신이 매일 정시에 출근하고, 맡은 일을 할 준비가 되어 있으리라 기대할 것이다. 또한 맡은 일에 합당한 능력을 갖추고 있으며 자신이 하는 일을 책임질 것이라고 기대할 것이다.

그리고 사람들은 기업은 고객과 직원, 그리고 지역사회에 책임을 져야 한다고 생각한다. 그러나 최근 한 신문의 여론조사에 따르면, 미국 노동자들의 절반이 자신은 직장에서 비윤리적으로 행동하며, 그것은 대부분 직장에서의 압력 때문이라고 답했다(윤리관리연합, 1997). 엔론이나 타이코, 월드컴, 그리고 아서 앤더슨과 같은 거대 기업들이 망한 것은 무책임하고 비윤리적인 행동 때문이었다. '기업윤리'라는 것은 모순된 말이라고 사람들은 냉소적으로 말한다.

직장인의 책임은 어디까지일까? 직장의 동료나 상사가 저지른 문제 있는 행동을 보고할 책임에 대해 당신은 어떻게 생각하는가? 가령, 당신이 항공사에서 일한다고 가정해보자. 안전 문제를 담당한 동료가 술에 취해서 능력을 제대로 발휘할 수 없는 상태라는 것을 알게 되었을 때 당신은 어떻게 하겠는가? 당신이 목격한 것을 담당부처에 알리겠는가? 혹은 그 동료에게, 도움을 구하거나 다른 사람에게 일을 맡기라고 말을 할 것인가? 만일 당신이 담당부처에 그런 사실을 알렸는데 그곳에서 당신의 걱정을 무시한다고 가정해보라. 당신이 그 이상의 것을 해야 할 의무가 있을까? 당신의 생각을 언론에 알릴 것인가? 직장을 그만둘 것인가? 과연 당신의 책임은 어디까지일까?

위에서 기술한 딜레마는 극단적인 경우로, 이 경우 무책임한 행동은 많은 사람을 죽음으로 몰아갈 수도 있다. 동료나 고용주의 무책임과 관련한 많은 사례들이 그러한 비극적인 결과를 초래할 수도 있다.

한편, 옷가게의 직원이 습관적으로 직장에 늦고 가게의 상품에 대해 제대로 알고 있지 못한다 해서 누가 죽거나 다치지는 않는다. 동료 직원의 무책임한 행동이 다른 사람에게 해를 입히거나 죽음을 초래할 가능성이 없을 경우, 동료로서 당신의 책임은 어디까지일까?

책임 있는 환경 지킴이 되기

지구에 대한 우리의 책임은 어떤가? 우리들 중 많은 수가 공기를 오염시키는 차를 운전하고, 물을 오염시키는 가정용품(잔디 비료나 살충제)을 사용하며, 폐기물 축적량을 가중시키는 일회용품(종이컵, 기저귀, 식기, 카메라 등)을 사용한다. 한 개인이 자전거 대신 승용차를 타고 일회용품을 사용한다고 해서 지구의 환경에 심각한 영향을 주지는 않겠지만, 대다수의 개인들이 그렇게 한다면 그 영향은 심각해질 것이다. 지구에 대한 영향을 고려해볼 때, 생활 스타일에 있어서 우리는 얼마나 책임을 져야 할까? 좀더 가볍게 살아가려고 얼마나 열심히 노력해야 할까? 물론 답은 간단하지 않다.

책임 있는 인간 되기

어려움에 처해 있는 사람에 대한 우리의 책임은 무엇일까? 가령, 당신이 고속도로에서 사고를 목격했다고 하자. 가벼운 자동차 접촉사고를 넘어서서 누군가 부상을 당한 것처럼 보인다. 당신은 어떻게 하겠는가? 차를 멈추고 도와줄 일이 있는지 살펴보겠는가? 119에 전화를 하겠는가? 인적이 드문 한적한 시골길을 달릴 때와 수많은 운전자들과 함께 혼잡한 고속도로 위를 운전할 때 당신의 행동은 다를까?

사회심리학 연구에 따르면, 혼잡한 도로보다는 한적한 도로를 달리던 중에 차를 멈추고 사고를 당한 사람을 도와줄 가능성이 더 높다고 한다. 다른 사람들이 주변에 없기 때문에 자신이 도와줘야 한다는 책임감을 더 느끼기 때문이다.

몇 주 전, 한 슈퍼마켓의 주차장에서 여섯 살 난 아들과 함께 차에서 아내를 기다린 적이 있다. 아내는 안에서 물건을 고르고 있었다. 내 차 옆에 한 여자가 주차를 하더니 마켓 안으로 들어갔다. 차 안에 세 살 정도 된 딸 하나만 남겨둔 채였다. 그런데 그 아이가 울기 시작하더니 차문을 열고 나와 혼잡한 주차장을 가로질러 슈퍼마켓 쪽으로 걸어가기 시작했다. 그 상황을 목격하고 있던 내가 그 어린아이에 대해 가져야 했던 책임은 무엇이었을까? 그리고 내 차 안에 있던 여섯 살 난 아들에 대한 책임은 무엇이었을까? 나는 빨리 결정을 내려야 했다. 어린아이를 돕기 위해 차에서 내려야(아들을 돌보지 않은 채) 했을까? 아니면 내 아들을 데리고 그 어린아이를 보살피러 나가야 했을까?

눈깜짝할 사이에 나는 그 어린아이를 책임져야 한다고 결정하고서 아이를 도우러 차 밖으로 나갔다. 아들에게는 잠시 기다리라고 말했다. 그 아이가 차에 치이는 것은 한순간일 것이기 때문에 아들을 데리고 나갈 여유가 없다고 느꼈다. 차에 있는 아들을 주시하면서 나는 그 어린아이를 마켓 문까지 데리고 가서 엄마에게 달려갈 때까지 지켜보았다. 그러고 나서 재빨리 내 차로 달려가 아들을 살폈다.

이 사례에서 우리는 책임과 관련된 많은 문제들을 생각해볼 수 있다. 나는 차 안에 아들을 방치하지 않고 돌볼 책임이 있었다. 하지만 어머니를 찾으러 차 밖으로 나간 아이가 차에 치이지 않도록 할 책임도 있다고 느꼈다. 당신은 아마도 쇼핑을 하러 가면서 세 살 난 어린아이를 방치하는 엄마는 도대체 어떤 엄마냐고 생각할 것이다. 그 아기 엄마는 분명 무책임하게 행동했다. 그녀에 대해 나는 어떻게 해야 했을까? 그녀에게 무책임한 행동에 대해 이야기를 해야 했을까? 경찰을 불러야 했을까? 하지만 난 아무것도 하지 않았다. 나는 그저 아이가 엄마에게 무사히 안기는 것을 보자마자 아들에게로 돌아왔다.

우리보다 가진 것이 적은 사람들에 대한 우리의 책임은 무엇일까? 프린스턴 대학의 한 교수가 〈뉴욕 타임즈〉에 우리는 세계 곳곳에서 굶주리고 있는 사람들을 돕기 위해 옥스팜(Oxfam[1])과 같은 단체에 우리가 가진 잉여의 자원을 모두 주어야 할 도덕적 책임이 있다는 내용의 특집기사를 쓴 적이 있다. 그는 비본질적인 일(휴가, 영화, 특별한 커피 마시기, 외식 등)에 사용될 돈을 무척 궁핍한 사람들을 돕는 데 써야 한다고 제안했다. 이 정도로 다른 이들을 돕는 데 책임감을 느끼는 사람들은 아마 거의 없을 것이다. 그러나 그 기사는 우리가 다른 이들의 복지에 대해 얼마만큼의 책임감을 느껴야 하는가에 대해 중요한 질문을 던진다. 어떤 사람이 정말 궁핍한 상황에 처했을 때 아무런 도움도 주지 않는 것은 무책임한 일일지 모른다. 그러나 가진 것을 모두 팔아서 가난한 이들에게 주려고 하는 사람은 거의 없을 것이다. 이는 '충분히 책임지는 삶이란 어떤 삶인가?'라는 문제를 제기한다.

충분히 책임지는 삶이란?

세상을 더 나은 곳으로 만들기 위해 우리는 얼마나 많은 책임을 져야 할까? 살아가면서 만나는 모든 잘못된 것들을 우리가 바로잡을 수는 없다. 현실에서는 동료나 상사가 잘못된 일을 하거나 무책임한 행동을 하더라도 대부분 침묵하고 만다. 걷거나 자전거를 탈 수 있을 때 차를 몰기도 하며, 일회용 컵을 사용하는 때도 있다. 그리고 투표를 하기 전에 관련된 모든 문제들을 제대로 알아보지 않는 경우도 있다. 또한 옥스팜 같은 곳에 돈을 내기보다는 그 돈으로 바캉스를 가기도 한다.

이런 사례들을 나열하는 것은 죄책감을 느끼게 하거나 세상의 모든 짐을 당신의 어깨에 지우려는 의도에서가 아니다. 당신이 자신의 행동에 책임을 지려고 노력하는 일에 좀더 주의를 기울이게 하려는 것이 목적이다. 그런데 충분히 책임지는 것이 어떤 것인지 어떻게 알 수 있을까? 다시 말하지만, 이런 질문에 대한 답은 쉽게 찾을 수 없다. 자신의 행동뿐 아니라 다른 이들을 돕는 일에 어느 정도의 책임감을 느껴야 할지는 스스로 깨닫는 수밖에 없다.

인생에서 수행하는 다양한 역할들 속에서 사람들은 당신이 최소한

---

1) Oxfam은 Oxford를 본부로 하여 1942년에 발족한 세계 각지의 빈민구제기관을 뜻한다. Oxford Committee for Famine Relief의 준말.

약속을 지키고 자신의 실수와 잘못을 인정하고 바로잡을 것을 기대한다. 또한 자기 자신을 책임지며, 무책임한 행동에 대해서 핑계를 대지 않기를 기대한다. 그 이상의 것들은 윤리적인 삶을 살려고 노력하는 가운데 당신이 선택해야 할 사항이다. 책임을 지려는 행동도 그것이 많은 희생을 요구할 때는 어려운 윤리적 결정이 된다. 예를 들어, 자신이 저지른 범죄에 대해 책임을 진다면 감옥에 가게 될 수도 있다. 직장에서 벌어지는 비윤리적이거나 불법적인 행동에 대해 책임을 진다면 직장을 잃거나 희생양이 될 수도 있다.

충분히 책임지는 삶의 기준을 정하는 데 있어서는 앞서 논의한 다양한 윤리에 대한 접근법들을 지침으로 삼아보는 것이 좋을 것이다.

나는 책임감 있는 사람인가?

앞에서 언급했듯이 스스로를 판단하는 것은 쉽지 않은 일이다. 사람들은 대부분 자신이 윤리적이고 책임감 있는 사람이라고 생각한다. 자신이 무책임하다는 것을 인정하는 사람은 극소수에 불과할 것이다. 많은 이들이 자신의 무책임한 행동을 해명하려고 갖가지 이유와 핑계를 댄다.

자기 자신을 정확하게 평가하기란 쉽지 않다. 자신의 행동을 제대로 판단할 수 없다면, 자신이 책임감 있는 사람인지 무책임한 사람인지 어떻게 알 수 있을까? 간단한 답은 찾기 어렵지만, 몇 가지 유용한 원칙과 연습을 통해 지침을 얻을 수 있다.

이 논의를 당신의 삶에 좀더 구체적으로 관련시켜보자.

당신이 했던 일 중 자랑스럽지 못한 일을 다섯 가지 적어보라. 스스로 생각해도 비윤리적이고 비도덕적이고 불법적이고 잔인했던 일은 무엇인가? 후회하는 일은 무엇인가? 누군가에게 거짓말을 했거나 무언가를 훔쳤을 수도 있다. 가까운 사람에게 갑자기 화를 버럭 내며 아주 언짢은 말을 했을 수도 있고, 고속도로에서 다른 운전자에게 상처가 될 만큼 화를 냈을 수도 있다. 개인적인 이익을 위해 남을 속였을 수도 있다. 그런 식으로 당신이 말했거나 행했던 일 중 이제와 생각하니 무책임했던 일을 다섯 가지 생각해보라.

이제 각 항목 옆에 당시 왜 그런 행동을 했는지를 정확히 적어라. 자신의 행동을 설명하는 당신의 논리는 무엇인가? 그런 식의 행동을 당신은 어떻게 이해하는가?

다음으로, 당신이 적어놓은 이유들을 검토해보라. 어떤 주제가 떠오르는가? 학대받은 아동기의 경험 때문에 그런 행동들을 했는가? 오해 때문에 그렇게 행동했는가? 텔레비전을 너무 많이 보거나 과음을 해서 그렇게 행동했는가? 아니면 악마가 시켜서 했던 행동인가?

당신을 잘 알고 신뢰할 만한 사람에게 당신의 행동에 대해 설명해달라고 부탁하여, 당신의 그런 행동에 대해 간접적인 견해를 얻을 수도 있다.

위의 '생각해봅시다'를 통해서 자신에 대해 알게 된 것은 무엇인가? 당신은 자신의 행위에 대해 책임을 지는 편인가, 아니면 남 탓으로 돌리는 편인가? 당신이 한 행동이 과거에 받은 정신적 충격이나, 현 상황이 주는 스트레스, 혹은 사회나 부모, 또래의 영향 때문이라고 생각하는가?

이중 잣대를 버려라

앞에서 지적했듯이, 많은 사람들이 자신이 얼마나 책임 있는 사람인가를 평가하는 데 있어서 이중 잣대를 사용한다. 우리는 좋은 행동이나 결과는 자기 책임이라고 생각하지만, 나쁜 행동이나 결과에 대해서는 책임을 회피하려는 경향이 있다. 아마도 자기 자신과 자신과 가까운 사람들을 판단할 때보다 그 외의 사람들을 판단할 때 잣대는 더욱 가혹해질 것이다.

당신이 알코올 중독, 음주운전, 자녀나 배우자 학대, 사기 등 심각한 문제 행위를 했다고 가정해보자. 자신의 행동을 어떻게 설명하겠는가? 충분히 책임을 지겠는가, 아니면 자신의 행동을 다른 사람이나 특수한 환경 탓으로 돌리겠는가?

여기서 요점은 남들에게 적용하는 책임의 기준과 자기 자신이나 자신이 사랑하는 이들에게 적용하는 기준이 다를 수 있다는 것이다. 똑같은 행동을 낯선 사람이 했을 때와 사랑하는 이가 했을 때, 우리는 각기 다른 반응을 보일 수 있는 것이다.

좀더 책임감 있는 사람이 되기 위한 지침

책임이라는 윤리적 목적을 적절히, 그리고 제대로 지킬 수 있는 방법은 무엇일까? 책임을 질 경우 자신에게 희생이 요구될지라도 자신의 행동에 책임을 지는 어려운 결정은 어떻게 내릴 수 있을까? 물론 모든 일에 책임을 질 수는 없고, 그럴 필요도 없다. 우리에게 책임이 없고, 우리가 책임을 져서는 안 되는 일도 많다.

베티라는 여성에게서, 1989년 10월 샌프란시스코에서 발생한 진도 7.1의 대지진 때 아들과의 사이에서 있었던 재미있는 이야기를 들은 적이 있다. 집이 심하게 흔들리자 그녀는 문 밖으로 달려가며 아들 지미를 불렀다. "지미!" 하고 외치자, 다섯 살 난 아들은 "엄마, 제가 그런 거 아니에요!"라고 외쳤다고 한다. 그 아이가 그 지진에 책임이 있을 리 없지 않겠는가.

안타깝지만, 자신이 져야 하는 책임 이상의 것을 책임지는 사람들도 있다. 가령, 아무런 잘못도 없이 병에 걸리는 사람들이 있다. 물론 많은 경우 질병은 생활 스타일과 관계가 있지만, 유전적 소인이나 유전적 변이, 유독물질에의 노출 등 개인적 행위와는 전혀 관계 없는 요소에 의한 것들도 많다.

사람들은 대부분 책임을 피하고 싶어하며 자신의 무책임한 행동에 대해서 핑계를 댄다. 제대로 책임을 지며 살 수 있는 방법은 무엇일까? 다른 윤리적 질문들과 마찬가지로, 쉬운 답은 없지만 도움이 될 만한 원칙들은 있다.

책임감을 갖겠다는 동기를 지녀라

사람들은 묻는다. "왜 내가 책임감을 느껴야 하죠?" 자신의 실수와 잘못, 그리고 잘못된 판단과 결정을 인정하는 것은 쉬운 일이 아니다. 하지만 그래야 하는 이유는 무엇일까? 윤리적인 삶을 살고 어려운 윤리적 결정을 제대로 내리기 위해서는 자신의 생각과 행동에 대해 책임을 질 필요가 있기 때문이다.

'로마는 하루아침에 이루어진 것이 아니다.'란 속담처럼, 하룻밤 사이에 갑자기 자신이 한 행동과 생각에 대해서 책임감이 생길 리는 없다. 자신이 한 행동에 대해서 핑계를 대거나 남을 탓하는 경우도 적지 않다. 그러나 자신의 행동에 대해서 책임을 지려는 노력을 하지 않는다면 윤리적으로 살아가는 데 아무런 진전이 없을 것이다. 책임을 회피하려는 유혹이 생기는 상황에 처하면 마음속에 큰 그림(윤리적인 삶을 산다는 가치)을 그려보라.

아무리 훌륭한 책도 당신을 변화시키기는 어렵다. 무엇보다도 당신 스스로가 변하기를 원해야 한다. 이 책이 당신을 도울 수 있을지는 몰라도 궁극적으로는 당신이 그렇게 하기를 원해야 한다. 다음의 '생각해봅시다'를 통해서 자신이 한 행동에 책임을 지는 것이 어떤 이점을 갖는지를 더 잘 알게 될 것이다.

생 | 각 | 해 | 봅 | 시 | 다

당신이 책임을 회피했던 상황을 다섯 가지만 열거해보라. 그리고 각각의 경우에 있어서 책임을 회피했을 때 얻은 이점을 적어보라.

장점 목록이 완성되면 책임을 회피했을 때의 단점을 적어보라. 여기에는 자신에게 혹은 다른 사람에게 정직하지 못한 것, 거짓 삶을 사는 것 등이 포함될 수 있다.

위의 '생각해봅시다'를 통해서 무엇을 배웠는가? 책임을 회피하면 단점이 많은가 이점이 많은가?

생 | 각 | 해 | 봅 | 시 | 다

자신의 행동에 책임을 져야 하는 이유를 다섯 가지만 열거해보자. 아이에게 좋은 역할모델이 되고 싶다, 좀더 자신에게 충실하게 살고 싶다 등의 내용이 포함될 수 있다. 다섯 가지 이유를 생각해낼 수 있는가? 그 이유들이 강력하게 느껴지는가? 1은 '전혀 강력하지 않다', 10은 '매우 강력하다'일 경우, 1부터 10까지의 척도를 활용하여 각각의 이유가 얼마나 강력한지 점수를 매겨보라. 책임을 지려고 하는 당신의 이유는 얼마나 강력한가?

피드백을 받아라

가족이나 친구 혹은 동료처럼 당신을 잘 아는 사람들은 당신이 얼마나 책임감이 있는지 혹은 무책임한지를 파악하는 데 도움을 줄 수 있을 것이다. 당신이 아는 사람들 중에도 무책임하면서도 그 사실을 전혀 깨닫지 못하는 사람이 있을 것이다.

존은 많은 고객을 확보한 심리치료실에서 일하는 심리학자다. 그는 환자와의 약속에 자주 늦는다. 게다가 가끔 진료시간에 졸기도 한다. 한편, 심리학을 전공하는 대학원생들을 감독하는 그는, 환자들을 평가하고 치료하는 방법에 대해서 아주 엄격한 기준을 가지고 있어서 종종 학생들을 힘들게 하기도 한다. 결국 상사가 그의 잘못된 행동을 지적했을 때, 그는 자신의 잘못을 전혀 인정하지 못하는 것처럼 보였다. 그는 자신의 행동이 부적절하다고 생각하는 사람이 있다는 사실에 매우 놀란 듯했다. 다행히도 존은 마음을 열고 지적을 받아들였고, 자신의 무책임한 행동을 고치려고 노력했다.

사람들에게 부정적인 피드백을 주는 일은 유쾌한 일이 아니며 상대방을 화나게 할 수도 있다. 만약 존이 화가 나서 상사에게 민감한 반응을 보였다면, 존의 상사는 바른 일을 하고서도 바람직하지 않은 대가를 치렀을 것이다.

우리 주변에는 존과 같이 의도적이진 않지만 책임 있게 행동하지 못하는 사람들이 있다. 존은 자신의 행동에 문제가 있거나 스스로 무책임하다고 생각하지 못했다. 행동을 고치려면 먼저 문제를 인식해야 한다.

그렇다면, 자신이 책임 있게 행동하고 있다는 것을 어떻게 알 수 있을까? 한 가지 방법은 당신을 잘 아는 사람들에게서 객관적인 피드백을 받는 것이다.

당신을 가장 잘 안다고 생각되는 사람들을 다섯 명만 생각해보자. 그들에게 어떤 면에서 당신이 책임감이 있으며, 어떤 면에서 무책임하다고 생각하는지 이야기해달라고 부탁하라. 당신의 감정이 상할 것을 염려하지 말고 솔직하게 이야기해달라고 부탁하라. 그리고 핑계를 달지 말고 그들의 지적을 경청하라.

위의 '생각해봅시다'를 통해서 무엇을 배웠는가? 당신을 잘 아는 사람들은 당신이 무책임한 면이 있다고 생각하는가? 그들은 당신이 전화나 이메일 메시지에 즉각 답을 하지 않는다고 할지도 모르고, 집을 제대로 청소하지 않고 지낸다고 할지도 모른다. 운전습관이 난폭하다고 할 수도 있고, 자신의 문제와 단점을 남에게 떠넘긴다고 할 수도 있다. 그들의 피드백에 등장하는 공통된 주제가 있는가? 그 주제는 무엇인가?

책임감과 관련하여 자신의 강점과 약점을 이해하기 위해서는 정확하고 객관적인 피드백을 얻어야만 한다. 그런 피드백을 받을 수 있는가? 받을 수 있다면, 당신은 허심탄회하게 귀 기울여 들을 준비가 되어 있는가?

충고에 귀를 기울여라

일단 피드백을 받으면, 마음을 열고 귀를 기울여야 한다. 이건 절대로 쉬운 일이 아니다. 앞에서 언급했듯이, 비판이나 교정적 피드백에 대하여 사람들은 보통 자신을 방어하려는 자세를 갖는다. 그리고 피드백을 거부할 온갖 이유들을 찾아낸다. 물론 모든 피드백이 객관적이거나 정확하지는 않다. 그러므로 당신이 받게 되는 피드백을 우선 모두 받아들이고 그것이 정확한지 아닌지는 나중에 판단해야 한다. 어떤 방법이 있을까?

첫째, 여러 사람들이 동일하게 지적하는 내용에 주목하라. 가령, 많은 사람들이 당신이 무책임한 운전자라거나 부모라거나 동료라고 말한다면, 받아들이기는 힘들지라도 그러한 피드백은 정확할 가능성이 높다. 그렇기 때문에 한 사람이 아니라 당신을 잘 아는 다섯 명에게 피드백을 부탁해야 한다.

둘째, 당신이 책임감이 있는지 없는지를 판단하는 데 도움이 될 만한 객관적 자료들을 눈여겨보라. 예를 들면, 과속 딱지를 많이 뗐다거나 교통사고에 많이 연루되었다거나 음주운전을 한 적이 있다면 당신은 책임 있는 운전자가 아닐 가능성이 매우 높다. 만일 공항에 가서 친구를 차로 데리고 오기로 약속을 해놓고 잊어버린 적이 한두 번이 아니라면, 당신은 무책임한(혹은 확실히 신뢰할 수 없는) 친구일 가능성이 있다. 자료가 객관적이면 객관적일수록 더 좋다. 객관적인 자료 없이 타인의 견해를 받아들이면, 있을 수도 있는 너무나 심한 편견에 종속될 위험이 있다. 또한 객관적인 자료가 있으면 방어적인 태도를 취하기가 더 어려워진다.

어떤 사람이 당신의 부족한 면을 지적할 때 당신은 보통 어떻게 반응하는가? 자신을 방어하려고 애쓰는가? 만일 자신이 방어적이라는 것을 깨달았다면, 앞으로는 그런 태도를 피하도록 노력하라. 남들에게 당신이 방어적인지 아닌지를 물어보는 것 또한 도움이 될 것이다.

모범이 되는 사람을 지켜보라

모방할 수 있는 모델이 있다면 책임감 있게 행동하기가 더 쉬워질 것이다. 책임 있게 행동한다고 알려진 사람들을 생각해보라. 그 중에 실수를 했거나 결정을 잘못 내렸다고 다른 사람에게 반박을 받았을 때, 이유나 핑계를 대지 않고 자신의 행동에 대해 정직하고 책임을 지려고 노력하는 사람이 있지는 않았는가? 만일 그런 모습을 지켜본 적이 있다면, 핑계를 대거나 남의 탓으로 돌리려 하지 않고 진정으로 자신이 한 일에 책임을 지는 모습에 당신의 마음도 맑아졌을 것이다.

생 | 각 | 해 | 봅 | 시 | 다

당신이 아는 사람들(혹은 이야기를 전해 들은 사람들) 중에서 책임감에 있어서 모델이 될 만한 사람을 생각해보라. 그들이 책임감이 강하다고 느끼도록 한 말이나 행동은 무엇이었는가?

살아가면서 하게 되는 다양한 역할들(부모, 직원, 운전자, 시민 등)을 생각해보

라. 각각의 역할에서 책임감 있는 모델이 될 만한 사람들을 적어보라. 그들
이 책임 있는 삶의 훌륭한 모델이라고 생각하는 까닭은 무엇인가? 당신이
그렇게 생각하게 된 그들의 말과 행동은 무엇인가?

위의 '생각해봅시다'를 통해서 무엇을 배웠는가? 모범이 되는 사람
들이 당신의 모델이 되어 당신에게 도움을 줄 수 있을까?

주변의 지원을 받아라

알코올 중독자 모임, 금연 모임 등 자기 계발 집단에서 도움을 얻는
사람들은 자신의 행동에 대해서 핑계를 대거나 책임을 회피하지 않도
록 도와주는 동료들의 지적을 대체로 고마워한다. 주위에 당신이 책
임 있게 행동하도록 도울 수 있는 사람들을 두는 것은 정말 도움이 된
다. 당신 주변에 그런 사람들이 있는가?

지원그룹에 가입하지 않고도 책임 있는 사람들을 가까이할 수는 있
다. 당신과 가치를 공유할 수 있는 구성원들이 있는 교회나 공공단체
들도 여기에 해당한다. 당신과 비슷한 마음을 가진 책임 있는 사람들
과 우정을 쌓아나갈 수도 있다. 사람들은 주위 사람들의 행동과 자신
의 행동을 비교하고 주위 사람들의 행동에서 영향을 받는다. 그러므
로 주위에 무책임하게 행동하는 사람들이 많다면 당신도 그들처럼 행
동하기 쉽다. 아래의 '생각해봅시다'는 더 책임 있게 행동하려는 당신
의 노력을 지지해줄 사람들을 평가하는 데 도움이 될 것이다.

생 | 각 | 해 | 봅 | 시 | 다

지금까지 살면서 가까이해온 사람들을 생각해보라. 그들은 대체로 책임감이 있는 편인가, 무책임한 편인가?

책임 있는 친구들과 동료들의 범위를 확장할 수 있는 방법 다섯 가지를 열거해보라. 그 방법들은 당신이 실행할 수 있는 것들인가?

계획을 세워라

책임감 있게 살아가기 위해서는 계획이 필요하다. 책임감 있게 살고자 하는 당신의 목표를 어떻게 성취할 것인가? 구체적으로 어떤 일들을 해야 하는가? 좀더 책임감을 가질 필요가 있다고 생각하는 삶의 영역은 어디인가? 다음의 '생각해봅시다'를 통해서 좀더 책임감 있게 행동할 수 있도록 계획을 세우는 데 도움을 얻을 수 있을 것이다.

생 | 각 | 해 | 봅 | 시 | 다

책임감을 향상시킬 수 있는 삶의 영역 다섯 가지를 열거하고 적어보라. 직장이나 가정에서의 역할들이 포함될 것이고, 시민, 지역사회 구성원, 환경 운동가로서의 역할이 포함될 수도 있을 것이다.

각 영역에서 책임감이 향상되었는지를 어떻게 알 수 있을까?

스스로를 평가할 때 어떤 기준을 활용할 수 있을까?

자신이 제대로 나아가고 있다는 것을 확신하기 위해서는 어떤 종류의 피드백이 필요할까?

위의 '생각해봅시다'를 통해 배운 것은 무엇인가? 좀더 책임 있게 행동할 수 있는 삶의 영역들을 확인했는가? 당신에게는 좀더 책임감 있는 사람이 되기 위한 실천 계획이 있는가?

결론

올바른 일을 행하고 좀더 윤리적인 삶을 살기 위해서는 자신의 사고, 감정, 행동에 책임을 질 수 있어야 한다. 실수를 어떻게 극복할 것인가 또한 중요하다. 어려운 윤리적 결정을 내리기 위해서는 자기 자신을 책임질 필요가 있으며, 방어적인 행동을 최소화하려고 노력해야 한다. 그렇게 함으로써 다음 단계의 윤리적 삶을 살아가는 데 필요한 토대가 마련될 것이다.

이 책은 지금까지 성실, 능력, 그리고 책임의 원칙에 초점을 두었다. 이것들은 대부분 우리 자신을 대상으로 하는 윤리적 삶의 태도들이다. 다음 두 장은 우리가 타인을 대하는 것과 관련된 윤리적 문제들을 다룰 것이다. 6장에서는 타인의 권리와 존엄에 대한 '존중'에 초점을 둘 것이며, 7장은 타인의 복지에 대한 '배려'에 초점을 둘 것이다.

지금까지 배운 것을 활용하여 다음과 같은 어려운 윤리적 질문에 답해보자.

1. 당신은 사업차 중요한 모임을 가는 도중에 우연히 개를 차로 치어 죽게 했다. 이미 모임은 시작된 시간이어서 서둘러 가야 한다. 그런데 개의 몸에는 신분을 나타내는 표지가 붙어 있다. 당신은 그 개의 주인에게 연락을 하겠는가? 한다면 언제 하겠는가? 왜 그렇게 하겠는가, 혹은 왜 그렇게 하지 않겠는가?

2. 당신은 직장에서 큰 실수를 저질러서 회사에 큰 손실을 입혔다. 당신은 자신이 그 문제에 대해 책임이 있음을 알지만 다른 사람들은 알지 못한다. 당신은 자신의 실수를 인정하고 밝히겠는가? 왜 그렇게 하겠는가, 혹은 왜 그렇게 하지 않겠는가?

3. 고속도로에서 당신이 누군가를 추월했는데 그 때문에 당신 차가 아닌 다른 차들 몇 대가 추돌사고를 일으켰다. 당신은 차를 멈추고 책임을 인정하겠는가, 아니면 차를 몰고 그대로 달아나겠는가? 왜 그렇게 하겠는가, 혹은 왜 그렇게 하지 않겠는가?

Chapter 6

존 중

살아오면서 적어도 한 번쯤은 "존중 좀 하라."는 말을 들은 적이 있을 것이다. 그것은 누군가에게 공손하지 않거나 정중하지 않은 태도를 보였을 때 듣게 되는 말이다. 같은 말을 당신이 다른 사람에게 했을 수도 있다. 그렇다면 존중이란 도대체 무엇일까?

존중이란 타인을 존경하고 고려하고 신의 있게 대하는 것을 뜻한다. 타인에게 주의를 기울이고 그들도 우리와 마찬가지로 권리와 욕구가 있다는 것을 인정하는 것이다. 또한 존중이란 우리가 타인을 어떻게 대하는가뿐만 아니라, 동물과 식물, 건물과 일반 소유물, 그리고 환경을 대하는 방식까지도 포함한다. 즉, 존중이란 살아 있는 것들은 물론 살아 있지 않은 것들과 상호작용하는 방식과 관련이 있다.

생명에 대한 존중

사람들은 대부분 모든 생명은 소중하며 가치 있게 여겨져야 한다고 생각한다. 누군가가 사고나 범죄로 인해, 혹은 제정신이 아닌 연인에 의해 죽음을 맞았다는 소식을 들으면 우리의 가슴은 철렁 내려앉는다. 특히 아이들이 희생되었을 때는 더욱 그렇다. 무감각한 죽음과 사건들은 특히 우리 마음을 아프게 한다. 이런 사건들에 관심을 갖고 슬픔을 느끼는 것은 생명이란 신성하고 가치 있으며 존중받아야 한다는 믿음과 관련이 있다.

그러나 생명을 존중하려 하다 보면 격렬한 정치적 논쟁에 휘말리기도 한다. 예를 들면, 도덕적이거나 종교적인 이유에서 낙태를 반대하는 사람들이 많다. 낙태를 최소화하려고 노력하는 사람들은 '생명을 존중하라'와 '생명에 대한 권리!'라는 문구를 종종 슬로건으로 사용한다. 그들은 우리가 인간의 생명을 존중해야 하고 어떤 이유에서든 태아를 죽여서는 안 된다고 생각한다. 육식을 하는 것은 동물의 생명을 존중하지 않는 것이라는 이유로 채식을 하는 사람들도 있다. 육식이 생명을 유지하는 데 반드시 필요한 것도 아니고, 채식주의자들이 그렇듯 육식을 하지 않아도 건강하게 살 수 있기 때문이라는 것이다.

이 장에서는 지키고 살아가야 할 다섯 가지 윤리 원칙들 중 하나로서 '존중'에 초점을 맞출 것이다. 특히 다른 사람의 권리와 존엄에 대한 존중에 초점을 둘 것이다. 윤리적인 삶을 살기 위해서는 반드시 타인을 존중해야 한다. 타인을 존중하는 마음 없이 어떻게 윤리적으로 살 수 있겠는가? 그러나 여기서도 쉽지 않은 질문은 대두된다. 우리가 혐오하거나 그 행동이나 말에 동의할 수 없는 사람의 권리와 존엄은 어떻게 존중해야 할까? 살인자, 테러리스트, 아동 성폭행범도 존중해야 할까? 그래야 한다면 어떻게 그것을 실천할 수 있을까? 이 장에서 다루게 될 어려운 질문들은 바로 그런 내용들이다.

현대의 존중 결핍 문제

존중의 의미를 제대로 이해하기 위해서는 현대의 존중 결핍 문제를 검토해보는 것이 도움이 된다. 사람들과 소유물에 대해 존중하지 못하는 사례들은 비일비재하다. 과거보다 오늘날 사람들이 더 무례해졌을까? 답하기 어려운 질문이지만, 현대 생활에서 존중의 결핍은 사회 도처에 만연한 문제가 되었다고 지적하는 사람들이 많다.

공공생활에서의 존중의 결핍

공적인 장소에서의 무례하고 거친 행동은 자주 지적되는 문제다. 그 중 한 가지 사례가 도로상에서 다른 운전자에게 화를 내며 분노를 표출하는 것이다. 욕을 하거나 상대를 위협하는 정도는 이제 이야깃거리도 되지 않는다. 뉴스에는 가벼운 자동차 접촉사고 때문에 총과 같은 흉기가 사용됐다는 이야기가 보도되기도 한다.

자녀들의 스포츠 경기를 관람하던 부모들이 다른 부모들에 대해 무례하게 행동하여 다툼이 일어났다가 심지어 살인으로 이어지는 경우도 있다. 최근에는 미국 보스톤에서 40세 된 남성이 자녀의 하키 경기를 관람하다가 다른 선수의 부모와 싸움이 붙은 끝에 맞아서 숨진 사건이 있었다. 이것은 극단적인 예이긴 하지만, 스포츠 분노, 도로 분노, 사무실 분노 등은 최근 관심이 집중되고 있는 문제다. 이 모든 사례들은 타인을 존중하는 태도가 부족함을 반영하는 것이다.

서비스 업종에서의 존중의 결핍

서비스 업종에 종사하는 대부분의 사람들은 고객의 무례하고 몰상식한 태도에 대해 목소리를 높인다. 현금출납원, 웨이터, 상점의 점원들에게서 들을 수 있는 무례하고, 모욕적이고, 지나친 요구를 하고, 남을 존중하지 않고, 궁극적으로는 비윤리적인 방식으로 행동하는 사람들에 대한 이야기는 무궁무진하다.

몇 가지 사례만 보아도 현대사회에서 남을 존중하는 마음이 얼마나 부족한지 잘 알 수 있다. 어른의 이름을 부르는 아이들에서부터 도로에서의 다툼으로 사람들이 죽는 사건에 이르기까지, 존중의 결핍은 크든 작든 흔한 문제가 되고 있다.

어떻게 하면 우리는 타인을 좀더 존중하는 태도로 대할 수 있을까? 이 질문에도 쉬운 답은 없다. 그러나 타인을 존중하는 태도는 윤리적인 삶을 살아가는 데 있어서 필수적이다.

좀더 존중하며 살아가기 위한 다섯 가지 원칙

좀더 존중하는 태도로 삶을 살아가려고 할 때 우리에게 지침이 될 만한 원칙 다섯 가지가 있다. 그 원칙들은 다음과 같다.

1. 모든 존재는 존중받을 가치가 있음을 기억하라.
2. 자신이 대우받고 싶은 대로 타인을 대우하라.

3. 자신의 의견과 다른 의견도 존중하라.

4. 분노나 증오를 잘 다루어라.

5. 용서하라.

이상의 다섯 가지 원칙을 차례대로 살펴보자.

원칙 1: 모든 존재는 존중받을 가치가 있음을 기억하라

존중을 삶의 주요한 윤리 원칙으로 받아들이기 위해서는 먼저 몇 가지 중요한 전제들을 인정할 필요가 있다. 첫째, 모든 사람(혹은 모든 살아 있는 것들)은 존중받을 가치가 있다는 생각을 받아들여야 한다. 주요 종교들은 모두 신이 모든 사물을 창조했고, 모든 사물 속에서 신을 찾을 수 있으므로 모든 사물들을 존중해야 한다고 가르친다. 이런 식으로 생각하면, 사람과 다른 살아 있는 것들에 대한 존중은 신에 대한 존중을 증명하는 것이 된다. 특정 종교를 갖고 있지 않거나 신의 존재를 믿지 않는 사람들도 다양한 이유에서 모든 생명은 신성하다고 느끼며, 그래서 (신이 있든 없든) 모든 생명과 사람들은 존중되어야 한다고 믿는다.

모든 생명을 존중해야 한다는 생각에 반대할 사람은 없다. 그러나 이 전제와 관련하여 몇 가지 문제가 당장 떠오른다. 먼저, 생명을 존중하고 타인을 존중한다는 것이 무엇을 뜻하는가를 좀더 명료히 할 필요가 있다. 첫째, 우리는 어떻게 타인을 존중해야 하는가? 무엇이 존중하는 행동이고 무엇이 존중하지 않는 행동인가? 충분히 존중한다는 것은 무엇인가? 거꾸로 말해, 내가 타인에게 보여야 하는 최소한의 존중은 무엇인가? 둘째, 모든 살아 있는 것들을 동일하게 존중해야 하는가? 가령, 끔찍한 범죄를 저지른 사람들도 존중해야 하는가? 모든 살아 있는 피조물에 대해 보여야 하는 최소한의 존중이 있지만, 성품이나 업적 등에 비추어 사람들에게 존중의 수준을 다르게 하지는 않는가? 사실, 존중의 수준을 다르게 하는 것이 자연스러운 문화도 있다.

타인을 존중한다는 것의 의미

이것은 분명 쉽지 않은 문제다. 합리적이고 윤리적인 사람들 사이에서도 무엇이 존중하는 행동이며 무엇이 그런 행동이 아닌지에 대하여 의견이 다를 수 있다.

다른 사람들을 통해 당신의 태도를 확인하는 것도 하나의 방법이다. 당신이 잘 알고 신뢰하는 사람에게 당신에게서 목격하는 불손한 행동을 지적해달라고 부탁해보는 것도 좋다. 당신 자신은 제대로 행동하고 있다고 생각하지만 주변 사람들은 그렇게 보지 않을 수 있기 때문이다.

"죄송합니다."나 "감사합니다." 혹은 "~해주세요." 같은 말을 자주 사용하는 것도 궁극적으로 존중하는 태도와 관련이 있다. 일상생활에서 모든 사람들을 존중하는 태도가 몸에 밴다면, 존중이 정말 중요한 문제가 되는 상황에서도 이를 훨씬 쉽게 표현할 수 있을 것이다.

자신이 좋아하지 않는 사람을 존중하기란 정말 어려운 일이다. 당신이 혐오하거나 당신에게 커다란 상처를 주었던 사람들을 존중하면서 행동하기란 정말 어려운 일이다. 또한 소유물이나 모든 생물들을 존중하는 태도 때문에 대가를 치러야 할 때 존중은 어려운 문제가 된다. 그러나 작은 일에서부터 이런 일들을 잘 처리해가다 보면, 큰일 앞에서도 존중과 관련된 문제를 제대로 풀어나갈 가능성이 높다.

충분한 존중과 최소한의 존중

잘 알지도 못하고 좋아하지도 않는 사람을 존중한다는 것은 어려운 일이다. 이 지점에서 어려운 윤리적 결정이 등장한다. 가령, 테러리스트, 살인자 혹은 강간범을 어느 정도까지 존중할 수 있을까? 당신이나 당신이 사랑하는 사람에게 해를 입힌 범인에게 어떤 종류의 존중감을 가져야 할까? 당신을 배반하거나 정말 중요한 일에 대해 거짓을 말한 사람에 대해 어떤 종류의 존중을 보일 수 있을까?

이런 점에서 1992년 로스앤젤레스에서 발생한 흑인 폭동과 관련하여 있었던 존중과 용서에 관한 일화는 주목할 만하다. 죄 없는 흑인 트럭 운전사 레지날드 데니가 차에서 끌려나온 후 심하게 구타당하던 장면을 기억할 것이다. 그 끔찍한 구타 장면은 전 세계에 반복적으로 방영되었다. 레지날드 데니는 심각한 두뇌 손상에서 치유된 후, 자신을 구타하여 기소된 사람들의 재판에서 증언을 했다. 그런데 그는 자신을 무자비하게 구타한 사람들에 대해 놀라울 정도의 존중과 용서를 보여주었다. 그는 피고의 부모들 역시 포용했다. 이는 타인에 대한 존중과 관련하여 만날 수 있는 어려운 윤리적 결정의 훌륭한 본보기다. 자신을 해친 사람들을 존중할수 있는 사람은 많지 않을 것이다.

길가에서 본 낯선 사람들이나 우리가 잘 알지만 좋아하지 않는 사람들에게 보여야 할 최소한의 존중은 어떤 것일까? 사법제도에서는 모든 이들이 (아무리 극악무도하다 할지라도) 유죄로 판결될 때까지는 무죄인 것으로 간주되어야 하며 공정한 재판을 받을 가치가 있다고 본다. 그런 이상이 모든 재판에서 실제로 지켜지는가에 대해서는 논쟁의 여지가 있다. 그러나 이는 사람은 누구나 최소한의 존중을 받을 가치가 있음을 시사하고 있다.

존중하는 행동과 그렇지 않은 행동을 구분하여 정의하는 일은 쉽지 않고, 개인들 사이에도 견해차가 있다. 그러나 모든 사람에게 최소한의 존중하는 행동을 보여야 한다는 데는 대부분 동의를 하는 것 같다. 일반적으로 타인을 최소한으로 존중한다는 것은 타인에게 모욕을 주는 것을 피하고, 타인의 욕구와 감정, 이해에 민감하며, 상해를 입히지 않고, 타인의 견해(비록 그 견해에 동의하지 않는다 할지라도)를 고려하는 것을 뜻한다. 또한 적절한 때에 "~해주세요."와 "고맙습니다."라고 말하는 것이다.

물론 정확히 어떻게 존중할 것인가는 누구를 대하는가에 따라 달라진다. 아이를 존중하여 하는 행동과 동료나 가게 점원을 존중하여 하는 행동은 다를 수밖에 없다. 아동 성폭행범을 존중하는 태도가, 절친한 친구나 어머니를 대하는 태도와 같을 리 없다. 사람들에 따라 다른 수준의 존중이 필요하거나 요구된다. 그러나 모든 사람들은 그들이 어떤 사람이고 무슨 일을 했는가에 상관없이 존중받아야 한다.

다음은 인생에서 우리가 타인에게 보여야 할 최소한의 존중이 어떤 것인가를 생각하는 데 도움이 될 것이다.

생 | 각 | 해 | 봅 | 시 | 다

당신이 평상시 만나는 사람들 중에서 그다지 존중을 받지 못하는 사람들을 생각해보라. 텔레마케터, 거리의 노숙자, 건물 경비원, 주유소 주유원 혹은 이방인 등이 여기에 포함될 것이다.

당신의 삶에서는 누가 그다지 존중을 받지 못하는 것 같은가? 존중받지 못한다고 생각되는 사람을 다섯 명 이상 열거해보라. 이제 당신이 그 사람들에게 최소한의 존중을 표현하고자 할 때 해야 할 행동은 무엇인지 적어보라.

어떤 행동이 최소한의 존중을 드러내는 것이라고 생각하는가? 구체적으로 위의 '생각해봅시다'를 통해서 무엇을 배웠는가? 당신은 사람들에게 최소한의 존중을 보여야 한다는 의무감을 지니고 있는가?

많은 사람들은 일상적으로 만나게 되는 사람들에게는 존중을 표하지 않는다. 여기에는 이방인, 동료 운전자, 가게 점원, 거리에서 구걸하는 노숙자, 덜 중요하게 보이는 사람들 등이 포함될 것이다.

한 여자가 고소득층을 대상으로 하는 한 슈퍼마켓에서 물건을 사려고 했다. 그런데 그 슈퍼마켓에서 일하는 사람 어느 누구도 그녀에게 관심을 기울이지 않았다. 한참을 기다린 후 그녀는 "여기 일하는 사람 없어요?"라며 신경질을 냈다. 그녀는 슈퍼마켓에서 일하는 사람들을 존중하지 않았던 것이다. "저 좀 도와주실래요?"라며 공손한 태도를 취할 수도 있었지만, 즉각 주문을 받지 못한 데 대해 화를 참지 못하고 무례하게 행동한 것이다.

속상하고 화가 날 때는 상대방을 존중하며 말하기 위해 단어와 어조를 살펴서 선택할 여유를 갖기가 어렵다. 사실, 사람들은 화가 날 때 가장 무례한 태도를 취하게 된다. 충동적으로 한다면야 여과 없이 분노와 좌절감을 직접적으로 표현하고 싶을 것이다. 물론 이런 반응이 정당화되는 경우도 있다. 가령, 당신의 차를 훔치려던 절도범을 붙잡았다면 당신은 상대방에게 무례하게 대하는 것이 아닐까를 걱정하기에 앞서 화가 난 어조로 소리를 질러댈 것이다. 그러나 일반적으로 우리가 경험하고 여과시키지 못한 분노와 좌절은 동료 운전자, 친구, 배우자, 파트너, 점원 등의 사람들에게 표출된다. 하지만 좀더 윤리적으로 살려고 노력한다면 모든 사람에 대해 최소한의 존중을 표현해야 한다는 사실을 기억하라.

원칙 2: 자신이 대우받고 싶은 대로 타인을 대우하라

우리가 좀더 존중하며 살기 위해서 받아들여야 하는 두 번째 중요한 전제는 우리가 대우받고 싶은 대로 타인을 대우하라는 것이다. 우리가 대우받고 싶은 대로 타인을 대우하려면 타인에 대한 어느 정도의 감정이입이 요구된다. 다른 사람의 입장에 서보는 것이 어떤 것인지에 대한 감각이 있어야 한다. 그러나 불행하게도 타인의 감정에 공감하는 것은 쉬운 일이 아니다. 타인에 대해서 감정이입을 거의 하지 못하는 사람들도 많다. 그들은 다른 사람의 입장이 되어 살아보는 것이 어떤 것인지를 전혀 알지 못한다. 공감 없이는 모든 사람을 존중하여 대하기란 정말 어렵다. 완전히 불가능하진 않더라도 말이다.

이 원칙이 너무 높은 기준이라고 생각하는 사람도 있을 수 있다. 그러나 우리가 만나는 모든 사람들을 존중하여 대하고 있음을 확신할 수 있는 가장 중요한 방식 중 하나가 바로 이 원칙에 입각하여 행동하는 것이다. 타인의 감정에 어느 정도 공감을 하게 되면 이 목표를 성취하는 데 도움이 된다. 그렇다면 타인에 대한 감정이입을 어떻게 발달시킬 수 있을까? 다른 누군가처럼 된다는 것이 어떤 것인지 느끼기 위해서는 어떻게 해야 할까?

생 | 각 | 해 | 봅 | 시 | 다

151페이지의 '생각해봅시다'에서 당신이 만들어놓은 목록을 훑어보라. 규칙적으로 만나는 사람들 중에서 당신이 별로 존중하여 대하지 않는 사람들의 목록을 검토해보라. 이제 당신이 그들의 역할을 맡고 있다고 상상해보라. 예를 들면, 눈을 감고 당신이 노숙자라고 상상해보라. 당신이 더러운 옷을 입고 굶주리고 피곤하고 심한 우울증이나 약물 남용과 같은 정신적 문제로 고통받고 있다고 상상해보라. 오늘밤 당장 잘 곳이 없는데, 출입구나 길가 벤치에서 자기에는 너무 춥고 불편할 것 같다고 상상해보라. 얼마간 이런 상상을 하면서 있어보라.

혹 당신의 목록에 '청소부'가 있다면 호텔 청소부로 일하는 자신을 상상해보라. 다른 사람들이 어질러놓은 것들을 치우면서 하루를 보낸다고 상상해보라. 다른 사람들이 당신을 무시하거나 존중하지 않는다고 상상해보라.

다른 사람들에 대해서도 이런 시각적 상상을 해보라. 그러면 적어도 다른 사람의 입장이 어떤 것인지 감을 잡을 수는 있을 것이다. 그렇게 하다 보면 감정이입이 가능해질 수 있다.

이런 간단한 연습을 통해서 타인에 대한 감정이입 감각이 눈에 띄게 향상되기는 어렵다. 그러나 타인이 처해 있는 힘든 상황에 대한 감각을 좀더 갖게 되었다면 그나마 다행이다. 이런 방식으로 당신의 목록에 포함된 모든 사람들에게 어느 정도 시간을 들인다면, 그들의 삶을 좀더 이해하게 될 것이고 감정이입도 더 쉬워질 것이다.

당신이 대우받고 싶은 대로 타인을 대우해야 한다는 결론이 일단 내려지면, 모든 이들을 존중하기 위한 전략도 확실히 개발할 수 있다. 가령, 누군가를 만나기 전에(특히 당신이 화가 나 있거나 좌절해 있을 때), 상대방의 입장에서 "나는 어떻게 대우받기를 원하는가?"라고 질문해볼 수 있다. 이런 질문은 사회적 상호작용을 위한 리트머스 종이가 될 수 있다. 아니면, 당신이 만나고 있는 사람을 당신이 정말 존경하는 사람이라고 상상해볼 수도 있다.

하루 동안 당신이 다른 사람들과 어떻게 지내는지를 주의 깊게 관찰해보라. 당신이 당신과 만나고 있는 상대방이 된다면 어떨지 상상해보라. 그리고 각 상황에서 당신은 어떻게 대우받기를 원하는지 스스로에게 물어보라. "당신이 대우받기를 원하는 대로 타인을 대하라."는 구절이 그날의 좌우명 혹은 주문이 되도록 하라. 하루가 끝난 후, 그날 이루어진 만남에 대하여 당신이 느낀 인상들을 적어보라.

위의 '생각해봅시다'에서 제시한 대로 해보았다면, 다음의 질문들을 생각해보라.

평상시와는 조금 다르게 그들을 대할 수 있었는가? 당신의 태도는 좀더 정중했는가? 타인들에게 좀더 친절했는가? 그들은 당신에게 어떻게 반응했는가? 평상시와는 다르게 반응했는가?

원칙 3: 자신의 의견과 다른 의견도 존중하라

무언가 잘못되었다는 생각이 들 때 우리는 상대방을 존중하지 않게 된다. 사람들은 모든 것들에 대해 나름대로 의견을 갖고 있다. 지구가 평평하다거나 남북전쟁이 일어난 적이 없다는 식의 완전히 잘못된 생각을 가진 사람도 있을 수 있다. 그런 생각들은 정말로 틀린 것이긴 하지만 여전히 그런 생각을 고집하는 사람도 분명 있다. 그들의 생각에 동의할 수 없을 때는 어떻게 계속 그들을 존중할 수 있을까?

아주 사소한 문제(시내에서 제일 좋은 음식점, 제일 좋은 영화나 휴양지 등)에 대해서는 의견이 어느 정도 어긋나도 전과 다름없이 서로를 존중하며 지낼 수 있다. 그러나 자신에게 정말 중요한 어떤 일에 대해서 의견이 일치하지 않을 때는 상대방을 존중하기가 어렵다. 자신과 같은 시각으로 사물을 보지 않는 사람들을 존중하지 않는 이들은 너무나 많다. 실제로 지난 수세기에 걸쳐 종교적, 정치적 견해가 다르다는 이유로 살인을 정당화하는 사람들이 적지 않았다.

어떤 주제에 대한 의견의 불일치는 바로 그 사람을 존중하지 않는 행동으로 드러나기도 한다. 아이린이라는 여성은 자신이 속해 있는 시의회 회의에서 그런 경험을 했다. 그 회의에서는 지역의 구성원들이 모여 시내를 통과하는 간선도로의 교통량을 줄이기 위한 방법을 논의하고 있었다. 시민들은 혼잡한 도로의 교통량을 줄이기 위한 방법에 대해 서로 다른 의견을 냈다. 어떤 주민들은 교통량을 줄이는 장비를 설치할 것을 원한 반면, 어떤 이들은 도로에 경찰을 더 많이 배치해야 한다고 주장했다. 논쟁이 점점 격렬해지자, 분위기는 험악해지고 사람들의 의견은 극단적으로 나뉘었다. 많은 사람들이 서로에 대해서 무례하고 거친 태도로 행동하기 시작했다는 사실에 아이린은 놀라움을 감추지 못했다.

윤리적인 삶을 살기 위해서는 사람들의 의견과 결정이 어떤가와 무관하게 그들에게 최소한의 존중을 보여야 한다. 물론 그들을 좋아하거나 그들의 견해에 동의할 필요는 없다. 타인의 의견이 잘못되었다 할지라도 그를 존중하는 것은 윤리적으로 살기 위해 요구되는 기본적인 태도이다.

당신이 잘 알고 존중하는 사람 중에서 중요한 문제에 대해서 당신과 의견이 맞지 않는 사람을 생각해보자. 당신이 동의하거나 받아들이기 어려운 정치적, 종교적, 사회적 견해를 지니고 있는 사람이 있을 것이다. 그 사람을 어떻게 계속 존중하며 대하는가? 어떤 행동으로 존중을 표현하는가?

이번에는 당신이 아는 사람 중에서 의견 차이 때문에 계속 존중하기가 어렵다고 생각되는 사람을 생각해보자. 당신은 그를 전혀 혹은 거의 존중하지 않는가? 당신은 그들에게 어떻게 행동하는가?

위의 '생각해봅시다'를 통해서 무엇을 알게 되었는가? 당신이 절대로 동의할 수 없는 생각을 지녔거나 행동을 하는 사람들을 포함해 모든 이들을 존중한다는 것이 어렵다는 것을 깨달았는가?

원칙 4: 분노나 증오를 잘 다루어라

누군가와 의견이 일치하지 않으면 기분이 좋지 않고, 그것이 정말 당신에게 중요한 것일 때는 심지어 분노가 끓어오를 수도 있다. 무언가에 대해서 매우 화가 났을 때 우리는 상대를 존중하는 태도를 잃어버리기 쉽다. 무례한 태도로 타인을 대하게 만드는 큰 요소 중 하나가 아마도 분노일 것이다. 분노만 잘 다룰 수 있어도 좀더 타인을 존중하는 삶을 살 수 있을 것이다.

오랫동안 정신건강 전문가들과 일반 대중들은 분노가 치밀어오르면 표출하는 것이 중요하다고 믿어왔다. 분노를 참는 것은 위험하고 건강에도 좋지 않기 때문에 배출하는 것이 낫다는 것이다. 그러나 여러 심리학 연구들이 그러한 믿음들이 잘못된 근거에 입각한 것이라는 사실을 명백히 입증했다(Bushman, 2002). 여과되지 않은 방식으로 분노를 표출하는 것이 반드시 심리적 혹은 육체적 행복을 향상시켜 주는 것은 아니며 오히려 해가 될 수도 있다는 것이다.

물론 모든 분노를 억눌러야 한다는 의미는 아니다. 분노를 표출하는 것이 적절하고 합리적인 경우도 많다. 중요한 것은 분노가 생산적이지 않은 방식으로 표출될 수 있으며, 그럼으로써 타인을 존중하지 않는 비윤리적인 행동을 야기할 수 있다는 것이다. 화가 나면 일반적으로 다른 이들을 존중해야 한다거나 윤리적으로 행동해야 한다는 생각을 할 겨를이 없다.

상당히 어려운 일이겠지만, 분노나 좌절을 느낄 때도 우리는 타인에 대한 존중감을 유지하면서 분노나 좌절을 극복하도록 노력해야 한다. 분노를 극복하는 데 활용할 수 있는 다양한 기술들도 있다. 사실, 구체적으로 분노 치료에 초점을 맞춘 유용한 자기계발서들도 많이 나와 있다. 여기서 그 책들의 내용을 반복하거나 요약하지는 않겠다. 다만 타인을 존중하는 방식으로 분노를 다루는 것이 중요하다는 점을 강조하고자 한다. 타인의 행동으로 인해 분노를 느낄 때는 심호흡을 하고 문제가 있다고 생각되는 구체적인 행동에 초점을 맞추어 상대방을 존중하면서 그 행동에 대해 교정적인 피드백을 주도록 해보라.

원칙 5 : 용서하라

남을 용서하려고 노력한다면 타인을 존중하는 것은 더 쉬워진다. 용서한다는 것은 허용하고 너그러이 봐주고 분노와 괴로움을 끊어내는 것이다.

용서한다는 것은 망각하는 것이 아니다. 다른 사람이 행한 끔찍한 일을 잊어야 할 필요는 없다. 용서한다는 것이 당신에게 상처를 준 상대방의 행동에 동의하는 것도 아니다. 용서한다고 해서 당신에게 상처를 준 사람을 좋아해야 하는 것도 아니다. 용서는 놓아주고 떠나가도록 내버려두는 것을 뜻한다. 용서하지 못하면 분노에 집착하게 되고 그것은 궁극적으로 다른 누구도 아닌 바로 당신에게 상처가 된다. 사실 용서하는 능력은 폭넓고 다양한 긍정적인 정신적, 신체적 건강과 관련이 있다고 많은 연구들은 지적한다(Luskin, 2002).

타인을 용서하지 못하면 그에 동반되는 일상적인 좌절, 분노, 괴로움, 분개와 더불어 살아가야 한다. 혈압은 올라가고, 지나친 음주나 흡연처럼 건강을 해롭게 하는 행동을 하게 될 수도 있다. 게다가 사람들은 늘 화가 나 있거나 좌절한 사람을 주변에 두고 싶어하지 않기 때문에 사회적 지원을 얻고 유지하기도 힘들어진다. 이 모든 것이 용서하지 못하고 끊어내지 못하기 때문에 일어나는 문제들이다.

이상(理想)을 행동으로 옮기는 방법

이상을 실제 행동으로 옮기는 것이 쉬운 일은 아니다. 지금까지 살펴본, 좀더 존중하는 태도로 살아가기 위한 다섯 가지 원칙을 어떻게 일상에서 활용할 수 있을까? 앞 장에서 논의했던 동일한 방법들을 활용할 수 있다.

타인을 존중하겠다는 동기를 가져라

타인을 존중하기 위해서는 먼저 그렇게 하기를 원해야 한다. 다른 이들의 상황에 공감하거나 분노를 통제하기가 힘들다면 타인을 존중한다는 것이 아주 어려운 일이 될 수도 있다. 하지만 이 책을 여기까지 읽었다면, 당신은 좀더 윤리적으로 살겠다는 동기를 충분히 가지고 있다고 볼 수 있다. 그 목표를 성취하기 위해서는 모든 사물들을 존중하기를 원해야 한다. 책을 읽는다고 무언가를 할 동기가 저절로 생기는 것은 아니다. 책은 단지 당신의 동기를 목표 성취로 이어가는 데 필요한 도구를 제공해줄 수 있을 뿐이다.

역할모델을 참고하라

다른 사람을 존중하는 데에도 역할모델을 참고할 필요가 있다. 남을 존중하는 행동에 있어서 모범이 될 만한 사람을 찾아라. 당신이 모방할 수 있는 최고의 모범은 누구인가? 만일 현재 그런 역할모델이 없다면 어디에서 찾을 수 있을까?

피드백을 구하라

자신이 타인을 존중하지 않고 무례하게 행동하고 있다는 사실을 깨닫지 못할 때도 있다. 그렇기 때문에 자신의 행동이 어떤지를 제대로 알기 위해서는 다른 사람에게서 피드백을 받을 필요가 있다. 다시 말하지만 식견이 있고 신뢰할 만한 사람에게서 객관적이고 유용한 피드백을 얻는 것은 쉬운 일이 아니다. 게다가 방어적인 태도에서 벗어나기 어려울 때도 있다. 인생에서 존중과 관련하여 당신에게 유용한 피드백을 해줄 수 있는 신뢰할 만한 사람은 누구인가? 당신은 방어적인 태도에서 벗어날 수 있는가? 존중하는 행동을 규칙적으로 점검할 수 있는 피드백을 어떻게 하면 얻을 수 있을까?

주위에 같은 마음을 지닌 사람들을 두어라

다른 사람들을 좀더 존중하는 삶을 살기 위해서는 지원이 필요하다. 다른 사람을 존중하면서 윤리적인 삶을 살기 원하는 친구나 가족, 혹은 동료가 있는가? 있다면 그들과 함께 시간을 보내며 서로를 북돋아주고 서로에게 피드백을 주도록 하라. 이는 정말 어려운 윤리적 결정이 닥쳤을 때 특히 중요하다.

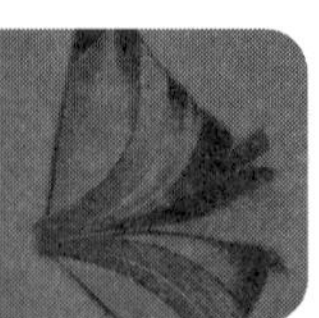

결론

지금까지 모든 살아 있는 것들(특히 사람들)을 존중하는 태도에 대해 살펴보았다. 좀더 윤리적인 삶을 살기 위해서는 모든 사람과 사물들에 대해서 존중하는 마음을 지녀야 한다. 이런 이상을 행동으로 옮기는 것은 어렵지만 가능한 일이다.

자신이 대우받고 싶은 대로 타인을 대하고, 분노를 잘 다루고, 차이를 인정하며, 타인을 존중하며 함께 살아가는 방식을 찾았다면, 당신은 다음 장에서 논하게 될 마지막 윤리 원칙을 받아들일 준비를 마친 것이다.

이 장에서 배운 것을 활용하여 다음의 어려운 윤리적 문제에 답해보자.

1. 당신의 딸을 강간하여 기소된 사람의 재판 때문에 당신은 법정에 와 있다. 휴정하는 동안 복도에서 바로 그 사람과 우연히 마주쳤다. 당신은 그에게 어떤 말이나 행동을 하겠는가?

2. 여군인 당신이 여자들은 바지도 입지 못하고 피부와 머리카락도 드러내지 못하는 나라에 주둔하게 되었다. 그런데 하루 휴가를 얻어

시내를 돌아다니며 관광을 하거나 다른 일들을 하고 싶다. 이때 당신
은 어떤 복장을 하겠는가?

3. 점심을 먹으며 동료와 종교적 문제에 대해 이야기를 나누고 있
다. 그런데 그의 신앙이 이상하고 어리석어 보이며 당신의 감정을 상
하게까지 한다. 이때 당신의 동료가 자신의 신앙에 대해서 어떻게 생
각하느냐고 묻는다면 당신은 뭐라고 답하겠는가?

배 려

우리는 자기 도취의 시대에 살고 있다. 많은 사람들은 자신의 욕구와 이익에만 관심을 둘 뿐 타인에 대해서는 거의 무관심하다. 요구는 지나치고 자신의 권리만을 주장하며, 자기 중심적으로 자기 일에만 몰두하는 사람들이 너무나 많다. 1970년대가 '자기 중심적인 시대'였다면, 1980년대와 1990년대는 '세포 깊숙한 곳까지 자기 중심적인 시대'가 되어버렸다. 우리는 '우리'가 초점으로 떠오르는 시점에 아직 도달하지 못했다.

사람들이 자신에게만 초점을 두고 있는 이때, 어떻게 하면 타인을 배려하는 윤리적 삶을 살 수 있을까? 이것이 바로 이 장에서 다루게 될 도전이다.

'배려'란?

타인에 대한 배려는 무엇을 뜻하는가? 배려는 타인을 돌보고 그의 일에 관심을 갖고 관여하는 것을 의미한다. 즉, 타인은 중요하고 주의를 기울일 가치가 있는 존재임을 인정하는 것이다. 윤리적인 삶을 살기 위해서는 타인의 복지에 관심을 기울여야 한다. 타인의 필요와 고통에 대해 무관심하거나 망각하고 산다면 윤리적인 사람이라고 할 수 없다. 자신의 이익에만 관심을 가지는 사람이 윤리적으로 살 수 있겠는가?

타인에 대한 배려를 드러내는 방법에는 어떤 것이 있을까? 타인에 대한 배려를 행동으로 옮기려면 어떻게 해야 할까? 알지도 못하고 좋아하지도 않는 사람들에 대해 배려를 해야 할 윤리적 의무는 어떤 것일까? 타인에 대한 배려는 어디까지일까? 타인에게 보여야 할 최소한의 배려라는 것이 있을까? 이 장에서 다루게 될 질문들에는 이런 내용들이 포함될 것이다.

타인에 대한 배려의 정도

사람들은 대부분 자신이 사랑하는 사람들을 배려한다. 부모, 배우자, 연인, 자녀, 형제자매, 그리고 친구들의 행복에는 모두들 관심이 많다. 알지 못하는 타인보다는 자신과 관련 있는 사람들을 더 많이 배려하는 것은 자명한 사실이다. 예를 들면, 먼 사촌이나 이웃, 혹은 낯선 사람보다는 자기 자녀의 복지에 대해 걱정하느라 잠 못 이룰 가능성이 더 높은 것이다.

그러나 사람들은 자신과 직접 관련이 없는 사람에 대해서도 배려의 마음을 갖고 이를 표현한다. 가령, 사람이나 동물들에게 벌어진 끔찍한 일에 대한 보도를 듣고 낯선 존재들을 배려하는 마음을 표현하기도 한다.

그러나 궁핍한 사람들을 배려하는 사람들은 많지 않다. 우리는 세계 각지에서 굶어죽어가는 아이들과 가족들의 이야기를 자주 듣는다. 학대받고, 방치되고, 억압받고, 속박되어 있는 사람들의 이야기도 그만큼 많다. 숨이 끊어진 채 길거리에 버려져 있어도 그 사람이 괜찮은지 보러 오는 사람 하나 없는 노숙자들의 이야기에도 익숙해져 있다. 언론에서 매일 고통받는 사람들의 이야기를 듣기 때문에 오히려 세상 사람들이 겪는 다양한 고통에 대해서 마음이 무뎌질 수도 있다. 특히 고통받는 사람이 문화와 지리적 위치, 연령, 성별, 민족 등의 특징에서 자신과 공통점이 없을 때 그들을 배려해야겠다고 생각하거나 그런 생각이 들더라도 표현하는 일은 더 어렵다.

모든 사람, 모든 살아 있는 것들을 같은 수준에서 배려할 수는 없다. 낯선 이를 향한 배려가 우리가 알고 사랑하는 사람들에게 느끼고 표현하는 배려와 같을 수는 없다. 타인에 대한 배려는 전혀 배려하지 않는 것에서부터 끔찍이 배려하는 것에 이르기까지 연속선상의 어딘가에 자리한다.

그러나 낯선 이들을 포함하여 모든 이들을 대단히 배려하는 사람들도 있다. 데레사 수녀는 어려움에 처한 낯선 이들을 놀랄 정도로 배려한 좋은 본보기다. 데레사 수녀처럼 유명하지는 않아도 일상적으로 낯선 이들을 배려하고 다른 이들의 고통을 덜어주기 위해 애쓰는 사람들이 전 세계에는 많이 있다. 슬픈 일이지만 어려움에 처한 낯선 사람들을 도우려다 목숨을 잃는 사람들도 많다.

어려움에 처한 사람들을 배려하는 것은 확실히 사회적으로 환영할 만한 일이다. 그러나 가까운 사람에 대해서도, 낯선 사람에 대해서도 배려의 마음을 갖지 못하는 경우도 있다. 서른넷이 된 딕이라는 이름의 대학원생은 자신이 주위 사람들을 그다지 배려하는 것 같지 않아서 걱정이라고 말했다. 그는 자신이 아는 사람들이 고생하고 있다는 소식을 들어도 그다지 걱정하는 마음이 생기지 않아서 죄책감을 느낀다고 했다. 심지어는 자신이 타인의 불행을 즐기는 것 같다고까지 고백했다. 그는 자신이 무언가 잘못된 것이 아닌가 궁금해했다.

그러나 그가 느끼는 감정은 아주 흔한 것이다. 대부분이 인정하지는 않겠지만 우리는 타인을 배려하는 마음을 느끼지 못할 수도 있으며 심지어 타인의 불행을 즐길 수도 있다. 살인, 홍수, 지진, 교통 참사, 아동 유괴, 기타 끔찍한 사건들이 매일 일상적인 뉴스로 전해진다. 많은 사람들이 그런 소식을 커피를 마시면서 편안하게 전해듣는다. 그런 끔찍한 이야기들에 안타까움을 느낀다 하더라도 그것은 한순간일 뿐 커피잔이 비어갈 때쯤이면 사라져버린다.

타인을 배려하는 마음을 어떻게 하면 향상시킬 수 있을까를 논하기에 앞서서 당신이 사람들을 얼마나 배려하며 살고 있는지를 점검해보자.

생 | 각 | 해 | 봅 | 시 | 다

먼저 당신의 삶에서 가장 중요한 사람 열 명을 열거해보라. 가족들과 절친한 친구들이 여기 포함될 것이다. 1은 '전혀 배려하지 않음'을 나타내고 10은 '매우 배려함'을 나타낼 경우, 1부터 10까지의 척도를 활용하여 목록에 적힌 열 명 각각에 대해서 당신이 느끼는 배려의 수준을 평가해보라. 그들의 복지에 대해서 당신은 얼마만큼 배려하는가? 정직하게 답하자.

다음으로 당신이 규칙적으로 만나지만 삶에서 가장 중요한 열 사람 목록에는 들지 못한 열 명의 사람들이나 집단 열 곳을 열거해보라. 동료와 상사, 고객, 이웃, 늘 만나는 판매원 등이 여기 포함될 것이다. 이 두 번째 목록에 속한 사람들(혹은 집단) 각각에 대해 당신이 느끼는 배려의 수준을 1부터 10까지의 동일한 척도를 활용하여 평가해보라. 그들의 복지에 대해서 당신은 얼마만큼 배려하는 마음을 갖는가?

마지막으로, 전혀 만나본 적은 없지만 뉴스에서 들은 사람들 열 명이나 집단 열 곳을 열거해보라. 심각한 문제로 고통받고 있는 다양한 사람들이 여기 해당될 것이다. 노숙자들, 아프리카에서 굶어 죽어가는 사람들, 신문에서 읽었던 유괴 아동의 가족, 최근 일어난 홍수나 지진의 희생자들을 생각할 수 있을 것이다. 다시 한 번, 목록에 적힌 사람이나 집단 각각에 대해서 당신이 느끼는 배려의 수준을 1에서 10까지의 동일한 척도를 활용하여 평가해보라. 평가를 할 때는 무엇보다 자신에게 정직해야 한다.

이제 위에 적은 세 목록에서 나온 점수의 평균을 각각 구하라. 각 목록에서 나온 점수들을 모두 더하고 10으로 나누면 된다. 세 목록 각각의 평균은 얼마인가?

위의 '생각해봅시다'를 통해서 무엇을 배웠는가? 인생에서 가장 중요한 사람들, 일상적으로 만나는 다양한 사람들, 어려움에 처한 낯선 사람들에 대해서 당신은 얼마나 배려하는 마음을 갖고 있는가? 모든 사람들에게 비슷한 정도의 배려심을 갖는가, 아니면 당신이 잘 알고 사랑하는 사람들만 배려하는가? 알지 못하는 사람들에 비해서 당신이 사랑하는 사람들을 얼마나 더 배려하고 있는가?

배려가 부족한 현대인들

안타깝지만 타인에 대한 배려가 사회 전체적으로 부족하다는 것을 우리는 여러 사례들을 통해 확인할 수 있다. 심지어 타인의 불행을 기뻐하는 사람들도 많다. 수세기에 걸쳐서 타인의 고통을 배려하지 못한 사례들은 무수하다. 사람들은 서로에 대해서 잔인하고 무자비했다. 노예제도, 유대인 학살, 최근에 행해진 보스니아와 르완다 대학살 등은 사람들이 다른 이들을 얼마나 배려하지 않는지를 드러내는 수많은 사례들 중 극소수에 불과하다. 위의 사례들은 모두 극적인 사례들이다. 당신과 좀더 직접적으로 관련되어 있는, 덜 극적인 사례들에는 어떤 것이 있을까? 실제로 우리는 일상생활에서 배려의 부족함을 드러내는 증거들을 쉽게 목격하고 경험할 수 있다. 여기 몇 가지 사례들이 있다.

직업의 선택과 타인에 대한 배려

많은 사람들이 자신을 부유하게 해주고 권력을 누리게 해줄 직업을 원한다. 닷컴 기업의 열기가 뜨거웠던 1990년대 중반에 그런 현상은 특히 두드러졌다. 실리콘 밸리를 비롯한 미국 닷컴 열풍의 심장부에서는 대학을 갓 졸업한 젊은이들이 신생 기업들의 스톡옵션 덕분에

하룻밤 사이에 큰 부자가 되었다. 모두가 그들을 부러워하는 것 같았다. 2000년 1월 미국 수퍼보울 경기 광고의 대부분이 하이테크 닷컴 회사들의 것이었다는 사실도 흥미롭다.

명성과 재산에 대한 유혹 때문인지 그 시기에 지역사회에 대한 봉사와 비영리 직업에 관심을 두는 학생들의 숫자는 엄청나게 줄어들었다. 게다가 그 당시 아주 인기 있었던 회사들 중 세계를, 아니 자신의 지역사회라도 좀더 살기 좋은 곳으로 만들려고 노력한 곳은 거의 없었다. 엄청난 수의 수백만장자들, 심지어 억만장자들이 실리콘 밸리에서 일하고 있었지만, 어려운 사람들을 돕는 비영리 지역사회 봉사 기관들은 재정 부족으로 문을 닫아야 했다. 타인에 대한 배려는 어디로 사라졌던 걸까? 그렇게 많이 가진 이들이 궁핍한 사람들을 돕지 않은 이유는 무엇일까?

그 후 2000년 3월을 기점으로 주식시장이 붕괴하고 나서 직업을 잃은 전문직 종사자들은 새로운 직업을 찾는 데 엄청난 어려움을 겪었다. 그러면서 그들은 인생의 목표와 우선순위를 수정하기 시작했다. 비영리 분야에서 타인의 복지를 배려하면서 이 세상과 자신의 지역사회를 좀더 나은 곳으로 만들기 위해 노력하는 일에 종사하려는 이들이 늘어났다. 그러나 여전히 전보다는 관심이 덜하며, 지원이 있다고 해도 그런 기관들은 운영에 어려움을 겪고 있는 경우가 많다.

생 | 각 | 해 | 봅 | 시 | 다

당신은 무슨 일을 하는가? 당신의 일이나 직업은 세상을 좀더 나은 곳으로 만드는가? 당신이 하는 일이나 직업은 타인에 대한 당신의 배려를 표현하는 한 가지 방식인가?

당신이 참여하고 있는 다른 활동들을 생각해보라. 당신은 타인을 돕기 위해 자원봉사를 하는가? 혹은 어려움에 처한 사람들을 돕기 위해 돈을 내는가?

교통사고와 타인에 대한 배려

차를 타고 도로를 달리다 보면 누구나 한 번쯤은 교통사고를 목격하게 된다. 보통은 아무도 다치지 않는 가벼운 접촉사고일 것이다. 그러나 승객이 다치거나 심지어 죽는 심한 사고들도 있다. 그런 경우 지나가던 차들의 운전자들은 속도를 줄이고 사고 장면을 구경하곤 한다. 그렇게 목을 빼고 사고 현장을 바라보다가 다른 사고가 나기도 한다.

도로에서 사람들이 다치거나 심지어 사망하는 경우에도 아무도 도우려고 멈춰 서지 않았다는 뉴스가 심심치 않게 들려온다. 최근 샌프란시스코에서 일어난 치명적인 교통사고는 지나가던 운전자들이 아무런 조치도 취하지 않았기 때문에 사망자가 생긴 경우였다. 의료진이 도착했을 때, 희생자는 이미 손을 쓸 수 없는 상태였다.

물론 가던 길을 멈추고 사고를 당한 낯선 이들을 돕는 운전자들이 전혀 없는 것은 아니다. 그러나 아무도 도움을 주지 않았던 사고에 대한 소식이 너무나 자주 들려온다. 교통사고로 괴로워하는 사람을 목격하는 운전자들은 누구나 걱정하는 마음을 가질 것이다. 그러나 그런 마음이 어려움에 처한 낯선 이를 돕는 실질적인 행동으로 이어지는 경우는 얼마나 될까?

사고를 목격한 운전자가 휴대폰으로 119에 전화를 할 수도 있다. 그러나 실제로 멈추어서 즉각적인 도움을 주는 사람은 얼마나 될까?

사람이 다친 교통사고를 목격한 적이 있는가? 만일 그렇다면, 당신은 어떻게 했는가? 어떤 식으로든 도움을 주었는가?

1은 '전혀 배려하지 않음'을, 10은 '아주 배려함'을 나타낼 경우, 1에서 10까지의 척도로 볼 때 당신은 부상당한 사람에 대해 얼마나 배려하고 있었는가? 정직하게 답하라.

위의 '생각해봅시다'를 통해서 무엇을 알게 되었는가? 당신은 부상당한 운전자에 대해 얼마나 배려했는가? 당신이 도로에서 낯선 이를 도울 가능성은 얼마나 되는가?

이런 질문들은 당신이 죄책감을 느끼도록 하기 위해 제시한 것이 아니다. 당신이 어려움에 처한 낯선 이들을 배려하는 수준은 어느 정도이며, 당신의 배려가 행동으로 옮겨질 가능성이 어느 정도인지 스스로 감을 잡을 수 있도록 하기 위한 것이다.

빈부의 격차와 타인에 대한 배려

전 세계 많은 지역에서 부유한 사람들과 가난한 사람들 사이의 격차가 점점 넓어지고 있다. 지구상의 인구 중 약 25퍼센트가 하루에 1달러 이하의 돈으로 생계를 꾸리고 있다(World Bank, 2001). 자신에게 필요한 것 이상으로 많이 가진 사람들이 많다는 사실을 고려해볼 때 이런 통계는 충격적이다. 그러나 빈부의 격차와 그런 차이에 대해 사람들의 무관심은 놀라울 정도다.

당신은 어떤가? 당신은 얼마나 부유한가? 당신은 돈을 어떻게 쓰는가? 당신은 가난한 사람들을 보면 어떤 느낌이 드는가? 당신은 그들의 복지에 대해 얼마나 배려하는가? 당신은 가난한 이들에 대한 배려로 무엇을 하는가?

다시 말하지만, 이런 질문들을 하는 것은 죄의식을 불러일으키기 위해서가 아니다. 당신의 배려 수준과 그 배려에 근거하여 불우한 타인들을 도우려고 행동할 가능성을 평가하고자 하는 것이다.

일과 직업을 어떻게 선택하는가? 어려움에 처한 사람들에게 어떻게 반응하는가? 타인의 욕구와 자신의 욕구 사이에서 어떻게 균형을 맞출 것인가? 환경을 어떻게 보호할 것인가? 이 모든 문제가 우리가 윤리적으로 얼마나 도전받고 있는가를 드러내는 사례들이다. 일상적으로 타인에 대한 배려를 검증할 수 있는 사례들은 훨씬 많다.

이제 다음 질문은 '일상생활에서 타인에 대한 최소한의 배려를 표현할 우리의 윤리적 의무는 무엇인가?'이다.

최소한의 배려 표현하기

한 사람이 세상의 모든 문제를 해결할 수는 없다. 한 사람이 해낼 수 있는 일에는 분명 한계가 있다. 영향력과 재능, 자원이 많은 사람이라면 세상을 나은 곳으로 만드는 데 더 큰 기여를 할 수 있겠지만, 우리들 대부분은 주어진 한계와 잠재적 영향력, 자원, 그리고 책임에 따라 그만큼만 기여할 수 있다.

윤리적인 사람들이 느끼고 표현해야 하는 최소한의 배려는 무엇인가? 이는 매우 어려운 질문이다. 물론 감정을 말로 표현하기는 어렵다. 감정은 그냥 느끼는 것이다. 그러나 감정과 상관없이 타인을 배려하는 행동을 할 수는 있다. 우리는 보통 스스로의 행동을 통제할 수 있다. 그렇기 때문에 우리가 도울 수 있는 사람들의 복지에 주의를 기울일 수 있는 것이다.

세상에는 분명 너무나 많은 문제가 있다. 온갖 종류의 문제들로 인해 수많은 사람들이 고통을 받고 있다. 가난, 억압, 질병, 그리고 잔혹함에 찌든 생명이 너무나 많다. 이 모든 문제들에 대하여 당신은 어느 정도나 배려할 수 있으며 어떻게 그 마음을 표현할 수 있는가?

배려하는 삶을 위한 원칙들

타인에 대한 배려는 어느날 마법처럼 펑 하고 생겨나는 것이 아니다. 그러나 타인에 대한 배려를 키우고자 한다면 따를 수 있는 몇 가지 원칙들은 있다.

1. 감정이입을 하라.
2. 자신이 대우받고 싶은 대로 타인을 대하라.
3. 오늘 누군가에게 일어나는 일이 내일 나에게도 일어날 수 있음을 깨달아라.

원칙 1: 감정이입을 하라

앞서 논의했던 것처럼, 타인에 대한 감정이입이 잘 되는 사람이 있는가 하면 그렇지 못한 사람들도 있다. 세상의 모든 고통에 압도당하지 않으려면 우리 모두 어느 정도는 거리를 유지할 필요가 있다. 들려오는 모든 문제와 비극에 너무 몰입하다 보면 자신의 삶을 살아가는 것이 불가능해진다. 그러나 타인의 복지에 대해 배려하는 마음을 갖고 이를 표현하려면 어느 정도의 감정이입은 필요하다. 다음의 '생각해봅시다'를 통해서 타인에 대한 당신의 감정이입 수준을 좀더 객관적으로 평가해보자.

생 | 각 | 해 | 봅 | 시 | 다

당신은 어느 정도로 감정이입이 가능한가? 이런 저런 비극에 대한 뉴스를 들을 때, 친구나 친척, 동료들이 힘든 시기를 겪고 있을 때, 당신은 보통 얼마나 공감하는가?

지난 한 주 동안 뉴스를 통해 들었거나 당신이 아는 사람들에게서 들은 이야기 중 타인에게 일어난 끔찍한 일들 다섯 가지를 열거해보라. 심각한 질병, 중대한 군사적 갈등, 자연재해, 갑작스런 실업, 당신이 잘 아는 사람이나 애완동물의 죽음 등이 여기에 포함될 수 있다.

1은 '전혀 감정이입이 되지 않음'을 나타내고 10은 '매우 감정이입이 됨'을 나타낼 경우, 1에서 10까지의 척도를 활용하여 이들 각 항목에 대해 사람들(혹은 동물들)에 대한 당신의 배려의 수준을 평가해보라. 다섯 개의 점수를 더하고 5로 나누어 평균 감정이입 점수를 구하라.

위의 '생각해봅시다'를 통해서 무엇을 알게 되었는가? 자신의 감정이입 점수를 보고 놀랐는가? 생각보다 감정이입의 수준이 높거나 낮은가? 당신을 잘 아는 사람들은 당신이 다른 사람의 입장을 잘 헤아린다고 생각하는가?

원칙 2: 자신이 대우받고 싶은 대로 타인을 대하라

앞에서 논했듯이, 자신이 대우받고 싶은 대로 타인을 대해야 한다는 전제에 동의한다면, 타인에 대해서 좀더 배려하고 그 배려에 따라 행동할 가능성도 높아진다. 타인에 대한 감정이입이 가능하고 자신이 대우받고 싶은 대로 타인을 대해야 한다고 느낀다면, 이미 당신은 타인에 대해서 좀더 배려하고 그것을 표현하는 과정 중에 있는 것이다.

상대방의 입장 되어보기

직장 동료가 가까운 누군가를 잃었다는 소식을 들었다고 가정해보자. 배우자나 연인의 죽음으로 고통받고 있을 수도 있고, 부모나 자녀 혹은 아주 아끼던 애완동물을 잃었을 수도 있다. 이런 경우 대부분의 사람들은 카드를 보내거나 "안타까운 소식을 들으니 참 유감스럽습니다…… 제가 도울 일이 없을까요?" 같은 말을 함으로써 연민을 표할 것이다. 그런데 대개는 "제가 도울 일이 없을까요?"라고 말하면서도 "없어요."라는 답을 기다린다.

만일 그런 일을 겪은 사람이 바로 당신이라면 당신은 다른 사람들이 어떻게 해주기를 원하겠는가? 곰곰이 생각해보라. 당신이 부모, 배우자, 연인, 자녀, 형제자매 혹은 애완동물을 잃었다고 상상해보라. 다른 이들이 당신에게 어떻게 해주기를 바라겠는가?

이 질문에 대한 답은 부분적으로는 상대방이 어떤 사람인가에 달려 있을 것이다. 당신은 낯선 이들이나 동료 혹은 그냥 아는 사람들보다는 절친한 사람들에게 더 많은 것을 원하고 기대할 것이다. 게다가 상실을 경험한 직후 당신이 원하는 바는 시간이 지난 후 당신이 원하게 될 것과 다를 수도 있다. 역시, 직접 다른 사람의 입장이 되어보는 것이 당신의 마음을 표현하는 데 가장 도움이 될 것이다.

원칙 3: 오늘 누군가에게 일어나는 일이 내일 나에게도 일어날 수 있음을 깨달아라

타인을 좀더 배려하는 데 도움이 될 또 다른 전략은 당신도 미래에 같은 상황에 처할 수 있다고 상상하는 것이다. 사람들은 보통 자신에게는 비극적인 일이 일어나지 않으리라는 막연한 믿음을 갖고 있다. 홍수, 지진, 태풍, 화재, 범죄, 해고, 이혼 등의 사건들이 자신에게 일어나리라고 생각했던 사람이 있겠는가? 아무도 자신에게 비극이 닥치리라고 생각하지 않는다.

사람들은 비현실적으로 낙관적이다. 그렇지 않다면 도박과 복권이 그렇게 인기 있을 수가 없다. 타인을 좀더 배려하고 제대로 표현하기 위해서는 오늘 그들이 겪는 문제를 나에게 일어난 일로 상상할 수 있어야 한다.

배려를 행동으로 옮기는 방법

다음은 타인에 대한 배려를 행동으로 옮기려고 할 때 실천해볼 수 있는 몇 가지 일들이다.

1. 자원봉사를 하라.
2. 관심을 표현하라.
3. 지금 있는 자리에서 배려를 실천하라.
4. 배려하는 삶을 추구하라.
5. 역할모델을 찾아라.
6. 피드백을 받아라.
7. 주변의 도움을 구하라.

자원봉사를 하라

타인의 문제와 고통을 직접 경험하는 것이 타인에 대한 배려를 향상시키고 발전시키는 데는 가장 도움이 된다. 여러 연구를 통해, 어떤 문제나 고통에 개인의 이름과 얼굴, 이야기가 대입되면 사람들은 그 문제에 처한 사람들을 배려하게 되고 더 많이 공감하게 된다는 사실이 밝혀졌다. 노숙자, AIDS 감염자, 빈민수용소의 환자들, 학대받는 아이들과 직접 이야기를 나눠보면 다른 방법으로는 얻을 수 없는 관점을 얻을 수 있다. 홍수와 태풍, 지진 등으로 인해 비참한 환경에서 살아가고 있는 사람들의 힘겨운 상황을 직접 목격하면 배려와 감정이입, 그리고 그에 따른 행동이 저절로 나타난다. 그러므로 배려하는 마음을 키우고 타인을 돕는 행동을 발전시키고 싶다면, 규칙적으로 봉사활동에 참여하는 것이 좋다.

규칙적으로 봉사활동을 하면 정신적, 육체적 건강에 긍정적인 효과가 있다는 사실도 연구를 통해 입증되었다. 통계적으로 연령, 성, 건강상태 등 다른 조건을 통제했을 때 매주 두 시간 정도 자원봉사를 한 사람이 그렇지 않은 사람보다 더 오래 산다고 한다(Oman, 1999). 또한 세계의 주요 종교들은 모두 불운한 사람들을 도우라고 가르친다. 그래서 많은 이들이 종교와 관련한 활동의 일부로 봉사활동에 참여하고 있다. 그러나 종교적 신념과 무관한 인본주의적 이유에서 봉사활동을 하는 사람도 많다. 그들은 봉사활동을 함으로써 주는 것보다 얻는 것이 더 많다고 말한다.

생 | 각 | 해 | 봅 | 시 | 다

당신은 당신이 받은 것을 어떤 식으로 사회에 돌려주는가? 최근 참여하고 있는 봉사활동이 있다면 무엇인가?

정규적으로 봉사활동에 참여하고 있지 않다면, 당신이 관심을 두고 있는 사회 문제나 환경 문제를 열거해보라. 예를 들면, 결식 아동, 정신적으로 아픈 사람들, 노인, 환경에 영향을 주는 문제들에 관심이 있는가? 당신의 관심을 끄는 문제는 무엇인지 적어보라.

이제 당신의 관심을 끄는 주제와 관련한 영역에서 활동하고 있는 단체들을 인터넷에서 검색해보자. 어떻게 당신의 관심과 스케줄에 적합한 봉사활동에 참여할 수 있을지 정보를 구하라.

정규적으로 봉사활동을 해본 적이 없다면 그 이유는 무엇인가? 시간 때문인가? 다른 책임들 때문인가? 관심의 부족 때문인가?

관심을 표현하라

타인을 좀더 배려하는 또 다른 방법은 관심을 말로 표현하는 것이다. 살아가면서 만나는 사람들에게 그들이 잘살고 있는지에 관심이 있음을 드러내어 말하라. 많은 사람들이 다른 사람을 배려하고 있다는 사실을 표현하는 것을 부끄러워한다. 정서적으로 친밀함을 드러내는 것을 불편해하는 사람도 있고, 배려를 표현하는 법을 모르는 사람도 있다. 다른 사람에 대해서 배려하고 있음을 표현할 때 자신이 약해 보일까봐 두려워하는 사람도 있다. 그러나 타인을 진심으로 배려하는 마음을 표현하면(생색을 부리거나 상대방을 판단하듯 말하지 않는다는 전제 하에) 대부분은 그에 감사할 것이다.

관심을 표현하는 것에는 투표하기, 청원서에 서명하기, 혹은 중요하다고 생각하는 대의를 위해 자원봉사하기 등이 포함될 수 있다. 또한 사람들을 어떻게 대우해야 한다거나 그렇게 대우해서는 안 된다는 등 자신의 의견을 모임이나 회의에서 표명하는 것도 포함될 것이다.

다른 사람의 복지에 대해 배려하고 있음을 표현하면, 그 배려하는 마음을 키우고 발달시키고 행동으로 옮기는 데 도움이 된다. 다음의 '생각해봅시다' 를 통해 타인에 대한 배려를 당신이 어떻게 표현하고 있는지(혹은 표현하지 못하고 있는지)를 더 잘 이해하게 될 것이다.

생 | 각 | 해 | 봅 | 시 | 다

어떤 사람이 잘 지내고 있는지 관심이 있었지만 그 마음을 마음속에만 간직했던 적은 없는가? 그때, 배려하는 마음을 왜 말로 표현하지 않았는가? 어떤 이유들 때문에 당신의 마음을 숨기고 있었는가? 상대가 당황할까 우려되었나? 사회적으로 불편해질까 염려되었나?

그때 당신이 침묵을 지킨 것을 후회하는가? 다시 한 번 그런 상황에 놓인다면 당신은 다르게 행동하겠는가?

위의 '생각해봅시다'를 통해 무엇을 배웠는가? 당신이 타인을 배려하는 마음을 드러내 표현하지 못하게 한 요소들의 공통 주제는 무엇인가? 당신의 강한 자의식 때문인가? 남의 일에 참견하지 말아야 한다는 생각 때문인가? 거절당할까 두려워서인가?

이번에는 당신의 관심을 가장 끄는 문제가 무엇인지 알아보자.

생 | 각 | 해 | 봅 | 시 | 다

어떤 사람 혹은 집단이 어려움에 처해 있다는 소식을 들었던 상황이나 사건을 생각해보자. 배려하는 마음을 불러일으켰던 상황을 생각해보자.

그때 당신은 자신의 마음을 표현하기 위해서 무엇을 했는가? 다른 사람과 그 문제를 의논했는가? 어떤 식으로든 도움을 주려고 노력했는가? 지금이라면 다르게 할 것 같은가?

위의 '생각해봅시다'를 통해서 무엇을 배웠는가? 어떤 종류의 소식이나 정보가 당신에게 배려하는 마음을 불러일으키는가? 아이들이나 동물들이 희생되었을 때 특히 가슴이 아픈가? 홍수나 태풍과 같은 자연재해가 특히 마음이 쓰이는가? 가난한 사람이나 억압받는 사람들의 문제에 특히 민감한가? 배려하는 마음이 생겼다면 그 마음을 표현하기 위해 당신은 어떻게 하겠는가?

지금 있는 자리에서 배려를 실천하라

세상에는 셀 수 없이 많은 어려움과 문제들이 있다. 이 문제들 중 아주 일부조차도 개인적으로는 해결할 수도, 해결하는 것을 도울 수도 없다. 하지만 언제 어딜 가든 매일 매일의 삶 속에서 타인에 대한 배려를 키우고 그것을 행동으로 표현하고자 노력하겠다고 결심할 수는 있다.

당신에게는 다양한 책임과 한계가 있기 때문에 무조건 다른 사람들만 도우면서 살 수는 없다. 예를 들면, 어린이집에 있는 아이를 태우려고 가던 길에 꼼짝 못하게 된 운전자를 보았다고 해서 가던 길을 멈추고 도와주기는 힘들 것이다. 그러나 다른 사람에 대한 배려를 표현할 기회가 생기고 그 배려하는 마음에 따라 행동할 수 있는 상황에서는 그렇게 할 수 있을 것이다.

당신이 현재 있는 곳에서 배려하는 마음을 어떻게 표현할 수 있을지를 생각해보는 데는 다음의 '생각해봅시다'가 도움이 될 것이다.

생 | 각 | 해 | 봅 | 시 | 다

당신의 생활조건과 작업조건, 그리고 개인적 조건의 한계를 생각할 때, 당신이 놓인 바로 그곳에서 시작할 수 있는 일은 무엇인가? 당신이 놓여 있는 특정한 상황에서 타인을 배려하는 마음을 어떻게 행동으로 옮길 것인가? 살아가면서 타인을 배려하는 마음에 근거하여 할 수 있을 것 같은 일 다섯 가지를 열거해보라.

　다른 윤리 원칙들과 마찬가지로 타인을 배려하는 마음을 갖고 잘 표현하기 위해서는 그렇게 하기를 진심으로 원해야 하고, 따라야 할 좋은 모범이 있어야 하며, 다른 이들에게서 정보를 얻을 수 있어야 하고, 같은 마음을 가진 사람들로부터 도움을 얻을 수 있어야 한다.

배려하는 삶을 주구하라

　배려를 느끼고, 그것을 생산적인 방식으로 표현하기 위해서는 우선 그렇게 하기를 원해야 한다. 당신이 지나치게 자기 중심적이거나 타인에 대하여 감정이입을 하는 것이 힘들다면 이것은 정말 어려운 일이다. 배려를 경험하고 그것을 표현하는 것은 좀더 윤리적으로 사는 데 필수적인 요소다. 그것을 얼마나 실천하는가는 당신에게 달려 있다. 간단한 대답은 없다. 바라건대, 당신은 그런 바람을 가지고 있을 것이다. 그 바람을 실현하는 데 약간의 지침이 필요할 뿐이다.

역할모델을 찾아라

　배려를 느끼고 표현하기 위해서도 역할모델을 따르는 것이 도움이 된다. 감정을 표현하는 것이 뭔가 불편하고 배려하는 마음을 말과 행동으로 드러내는 데 어려움이 있을 경우 특히 그렇다. 당신과 개인적, 직업적 상황이 유사한 사람을 관찰하는 것이 가장 좋은 방법이다. 그렇게 함으로써 당신과 비슷한 책임과 한계를 지닌 사람이 어떻게 타인을 배려하는 마음을 표현하고 있는지를 알 수 있을 것이다. 당신에게 역할모델이 될 만한 사람들을 생각해보라.

피드백을 받아라

새로운 행동을 바람직한 방향으로 조정하기 위해서는 교정적 피드백이 필요하다. 타인을 배려하는 마음을 처음부터 완벽하게 표현할 수는 없다. 따라서 당신이 노력하는 바를 지도해줄 수 있는 경험 많고 현명한 사람으로부터 정보를 얻을 필요가 있다. 당신에게 적절한 정보와 피드백을 줄 수 있는 사람은 누구인가?

주변의 도움을 구하라

배려하는 태도를 지속적으로 향상시키기 위해서는 다른 사람으로부터 도움을 구할 필요가 있다. 주위에 비슷한 마음을 가진 사람을 두면 귀중한 지원과 격려, 그리고 교정적 피드백을 얻을 수 있을 것이다. 당신의 인생에는 타인을 좀더 배려함으로써 더 윤리적인 삶을 살고자 하는 친구와 가족, 동료 등이 있는가? 만약 있다면 그들과 함께 시간을 보내면서 서로 노력하는 바를 강화하고 서로를 북돋아주도록 하라.

결론

이 장에서는 타인에 대한 배려를 살펴보았다. 타인을 배려하는 마음을 키우고 그 마음을 행동으로 표현하는 데 도움이 될 전략들을 다루었다.

다섯 가지의 윤리 원칙에 대한 논의가 끝났으므로 다음 장부터는 지금까지 읽은 것을 실행하여 좀더 바르고 윤리적인 삶으로 다가가는 실천 방법을 살펴보도록 하자.

지금까지 배운 것을 활용하여 다음과 같은 어려운 윤리적 질문에 답해보자.

1. 직장에서 당신과 사이가 제일 좋지 않은 사람이 타이어가 펑크 나서 도로에서 옴짝달싹 못하고 있는 광경을 보았다. 거기에 폭우까지 쏟아지고 있다. 당신은 차를 멈추고 그를 돕겠는가? 왜 그렇게 하겠는가, 혹은 왜 그렇게 하지 않겠는가?

2. 당신은 새 차를 사려고 계획 중이다. 그런데 당신이 아는 어떤 사람이 몹시 돈이 필요하다고 한다. 궁한 상황에 처한 그 사람에게 돈을 주겠는가, 아니면 차를 사겠는가?

PART 3

바르게 살기

Chapter 8

윤리 근육 키우기

"활용하지 않으면 잃어버린다." 이런 말을 들어본 적이 있는가? 그 말은 근육, 두뇌, 재능, 기술 등이 감퇴하는 것을 막기 위해서는 규칙적으로 그것들을 사용해야 한다는 뜻이다. '활용하지 않으면 잃어버린다'는 생각은 이 책에서 배운 정보로 당신이 할 수 있는 일이 무엇인지를 생각할 때 반드시 염두에 두어야 할 개념이다.

여기서 읽은 것을 어떻게 일상생활에 적용할 것인가? 이 책을 다 읽고 시간이 흐른 후에도 일상적으로 윤리적 결정을 잘 내릴 수 있으려면 어떻게 해야 할까? 부정적인 결과나 상당한 손해가 예상될 경우에도 윤리적 결정을 제대로 내릴 수 있을 것인가? 윤리 근육은 어떻게 발달시키고 형성할 수 있을까? 이런 질문들이 이 장에서 다루게 될 문제들이다.

이 장은 이 책에서 가장 중요한 부분이 될 것이다. 앞 장들은 당신이 윤리에 대해서 배운 것들을 택하고, 인생에서 어려운 결정을 내릴 때 활용하게 될 무대를 세우는 과정이었다. 이 책을 여기까지 읽었다면 당신은 이미 응용윤리에 대해서 상당히 많이 배웠다고 할 수 있다. 윤리적 문제들을 곰곰이 생각할 때 택할 수 있는 다양한 접근들에 대해서 배웠고, 윤리적 결정을 할 때 따라야 할 절차를 배웠으며, 자신의 윤리적 노력을 지원하는 데 필요한 전략들에 대해서도 배웠다(당신의 노력에 대해 피드백과 지원을 받고, 모델을 세우고, 방어적인 태도를 피하는 것 등). 또한 자신의 의사결정을 검토해볼 때 도움이 되는 다섯 가지 주요 윤리 원칙들(성실, 능력, 책임, 존중, 배려)에 대해서도 배웠다. 흔들리지 않는 윤리적 결정을 내리는 데 필요한 정보는 다 얻은 셈이다.

그러나 유용한 정보를 얻는 것만으로는 행동을 변화시킬 수 없다. 고지방 음식을 먹고, 담배를 피우고, 술을 너무 마시는 것이 좋지 않다는 것은 누구나 알지만 실제로 행동을 변화시키는 데는 많은 사람들이 어려움을 겪는다. 마찬가지로 윤리적 결정을 제대로 내리기 위해서는 윤리적 결정에 대한 정보 이상의 것, 즉 '윤리 근육'을 키우는 노력이 필요하다.

바른 윤리적 결정을 내림으로써 무언가 희생을 치러야 할 때, 사람들은 그것을 피하고 싶은 유혹에 부딪친다. 가장 어려운 순간이다. 희생을 치르지 않아도 된다면 올바른 일을 하는 것은 어렵지 않다. 그러나 윤리적 결정을 내림으로써 돈이나 승진 혹은 유쾌한 경험을 희생해야 할 때, 바르게 사는 것은 어려운 선택이 된다. 신체적으로 건강해야 고통과 불편함 없이 달리기를 할 수 있는 것처럼, 윤리적으로 건강해야 인생이라는 여행에서 올바른 결정을 내릴 수 있다. 정말로 어려운 결정일 경우에 특히 그렇다.

윤리 근육을 키우기 위해서는 기본적인 몇 가지 필요조건이 있다.

앞에서 이미 언급한 것들이긴 하지만, 윤리 근육을 키울 가능성을 더 높이고 싶다면 중요한 전제조건 몇 가지를 기억해야 한다.

윤리 근육을 키우기 위한 다섯 가지 전제조건

윤리적으로 건강하려면 먼저 전제조건을 만족시켜야 한다. 이를 제대로 준비하지 않으면 윤리라는 체육관에서 성공적으로 운동을 해나갈 수 없다. 전제조건에는 다음과 같은 것들이 있다.

1. 동기를 가져야 한다.
2. 기본 윤리 원칙에 동의해야 한다.
3. 모델이 있어야 한다.
4. 피드백을 받아야 한다.
5. 지원을 받아야 한다.

동기를 가져야 한다

먼저, 스스로 윤리적 결정을 내리기를 원해야 한다. 동기가 없다면 흔들리지 않는 윤리적 결정을 내릴 수 없다. 당신이 이 책을 집어든 데는 이유가 있을 것이다. 당신 안에 있는 무언가가 좀더 윤리적인 삶을 살 것을 추구했기에 당신은 이 책을 읽었을 것이다. 직장이나 가정에서 윤리가 사라지고 있음을 염려했을지 모른다. 비윤리적으로 행동하는 사람들 때문에 괴로운 경험을 했을 수도 있다. 뉴스에 나오는 비윤리적인 사례들을 보며 걱정했을 수도 있다. 이유가 무엇이든 간에, 당신은 더 윤리적으로 살고자 하는 동기와 관심을 가지고 있다. 앞으로 더 나은 윤리적 결정을 내리기를 희망한다면, 그런 관심과 동기, 바람을 작동시키고 키우는 것이 중요하다. 바른 윤리적 결정이 상당한 희생을 가져올 때 특히 그렇다.

행동은 변화시키기 어렵다. 가령, 살을 빼기 원하면서도 그 바람을 실현하는 데 필요한 의지력, 에너지, 시간, 그리고 규율을 찾지 못하는 사람들이 많다. 또한 살을 뺀 사람들도 뺀 몸무게를 유지하지 못한다. 윤리적 결정을 내리는 일도 마찬가지다. 그러므로 동기는 중요한 요소이긴 하지만 유일한 요소는 아니다. 그 이상의 것이 필요하다.

기본 윤리 원칙에 동의해야 한다

더 윤리적으로 살겠다는 동기를 갖는 것 외에도 이 책에서 당신의 결정을 안내하는 데 활용한 기본적 틀을 받아들여야 한다. 물론 윤리적 의사결정에 접근하는 방법은 매우 다양하다. 정의적 접근, 덕행적 접근, 공리주의적 접근 등 여러 가지 접근법을 활용할 수 있다. 여러 접근법을 결합할 수도 있고, 자신의 가치관에 따라 접근법을 맞춤으로 만들 수도 있다. 예를 들면, 덕행적 접근은 자신이 선호하는 가치에 따라 특정한 윤리적 덕행(정직, 동정, 사랑)을 강조할 수 있다.

그러나 더 윤리적으로 살기 위해서는 기본적으로 책에서 논의한 핵심 윤리 원칙들에 동의해야 한다. 성실하고 능력 있고 책임감 있고 타인을 존중하고 배려하며 살겠다는 생각에 동의하지 않는다면 윤리적으로 살기란 불가능하다. 여기 논의된 다섯 가지 원칙 외에 다른 원칙들을 추구할 수도 있다. 그러나 이 다섯 가지 기본 원칙들이 없다면, 윤리적으로 사는 것은 완전히 불가능한 것은 아닐지라도 힘든 과제가 된다.

그러므로 더 윤리적으로 살기 위해서는, 이 책에서 정리한 원칙들에 동의할 필요가 있다.

모델이 있어야 한다

여러 사회심리학 연구를 통해 역할모델이 있어야 행동을 학습하고 좀더 낫게(혹은 더 나쁘게) 변화시킬 가능성이 높다는 것이 일관되게 밝혀졌다. 이것이 소위 '관찰학습'이다(Bandura, 1977). 인생에는 윤리적인 삶의 모범이 될 모델이 적어도 몇 명은 있어야 한다. 예수, 부처, 마틴 루터 킹 목사, 데레사 수녀 등과 같이 유명한 사람을 모델로 삼을 수도 있고, 부모나 동료, 이웃, 혹은 친구처럼 인생에서 만나는 보통 사람들을 따를 수도 있다. 연구에 따르면, 자신이 모델과 비슷하다고(연령, 성별, 생활 스타일, 자원 면에서) 느낄수록, 그 모델은 더 강력한 영향을 미친다. 데레사 수녀처럼 행동하기는 어렵다. 너무나 특별한 사람이기 때문이다. 그러나 여러 면에서 자신과 비슷한데 윤리적 결정을 잘 내리는 동료를 관찰하면 자신도 더 나은 결정을 내릴 수 있으리라는 자신감을 얻게 된다. '아무개도 하는데, 나도 할 수 있어.'라고 생각하게 되는 것이다.

피드백을 받아야 한다

거울을 보지 않고 면도나 화장, 머리를 손질하기는 어렵다. 눈가리개를 하고서 농구 골대에 공을 넣는 것도 어려운 일이다. 마찬가지로 행동을 변화시키고 좀더 윤리적으로 살기 위해서는 피드백이 필요하다. 신뢰할 수 있는 사람에게 당신이 윤리적으로 혹은 비윤리적으로 행동할 때 지적해달라고 부탁하라. 당신의 윤리적, 혹은 비윤리적 행동이 어떤 결과를 낳는지 경험해보아야 하기 때문이다. 윤리적인 삶을 살기 위해서는 자신의 윤리적(혹은 비윤리적) 결정에 대한 피드백을 받을 방법을 찾아야 한다.

지원을 받아야 한다

아무도 섬처럼 홀로 살 수는 없다. 공동체의 지원이 전혀 없다면 흔들리지 않는 윤리적 결정을 제대로 내릴 수 있겠는가? 바른 일을 함으로써 희생을 치러야 하는 어려운 윤리적 결정 상황에서는 특히 그러하다. 힘든 윤리적 결정을 내려야 할 때 서로를 지원해줄 수 있도록 비슷한 생각을 가진 사람들을 주위에 두는 것이 매우 중요하다.

이상의 원칙들은 윤리적인 삶을 살아가는 데 기본적으로 요구되는 것들이다. 일단 이 전제조건들이 충족되어야 다음 단계인 윤리 근육 키우기로 넘어갈 수 있다. 윤리 근육 키우기란 어렵고 힘든 윤리적 선택을 해나가는 것이다. 사실 여기가 바로 출발점이다. 윤리 근육을 키우고 발달시키는 데도 몇 가지 방법이 있다. 이제 이에 대해서 중점적으로 논의해보자.

윤리 근육을 키우는 방법

윤리 근육을 키우는 데도 개인마다 선호하는 방법이 다르겠지만, 몇 가지 중요한 원칙들은 알아놓는 것이 유용하다.

RRICC 렌즈를 활용하라

윤리적 결정을 내릴 때마다 이 책에서 논의한 다섯 가지 윤리 원칙들을 기억하라. 매일 내리는 윤리적 결정에 지침이 될 주문으로 RRICC(존중(respect), 책임(responsibility), 성실(integrity), 능력(competence), 배려(concern))을 상기하자. 이런 저런 생각을 하고 결정을 내릴 때 하나의 여과기로서 RRICC이라는 약자를 생각하라. 그리고 다음과 같은 중요한 질문들을 자신에게 던져보자.

1. 나는 이 사람을 얼마나 존중할 수 있는가?
2. 내 생각과 행동에 대해서 얼마나 책임질 수 있는가?
3. 어떻게 하면 정직하고 정의롭고 공정하게 성실을 유지할 수 있는가?
4. 이렇게 행동할 능력이 있는가? 그럴 능력이 없다면 어떻게 이 문제를 해결해나가야 할까?
5. 타인을 배려하는 마음을 어떻게 하면 잘 표현할 수 있을까?

RRICC 렌즈로 자신의 결정을 비춰보는 것은 윤리 근육을 발달시키고 키우는 데 도움이 된다.

RRICC 주문을 포스트잇에 적어 거울이나 탁상 달력, 지갑 등 자주 쳐다보는 곳에 붙이는 것도 효과적인 방법이다. 결정을 내리기 전에 이 문제들을 잊지 않고 생각할 수 있도록 눈에 잘 보이는 곳에 이 다섯 단어를 적어놓는 것도 좋은 방법이다. 이런 장치들은 다섯 가지 원칙을 잊지 않는 데 도움이 될 것이다.

'바르게 살기' 모임에 참여하라

윤리 근육을 키울 능력을 극대화하기 위해서는 주위에 비슷한 생각을 가진 사람들을 두는 게 중요하다. 정기적으로 '바르게 살기' 모임을 갖는 것이 가장 좋은 방법이다. 명칭은 얼마든지 달라질 수 있다. '윤리 모임'이나 'RRICC 모임'이라고 부를 수도 있다. 참가자들이 정기적으로 만나서 윤리적 문제들을 논의하며, 서로 정보와 지원을 주고받는 것이다. 규모는 상관없다.

요즘 북클럽에 참여하는 사람들이 많다. 북클럽은 책을 읽고 지적인 자극을 주고받는 토론모임이지만, 지원그룹의 역할도 할 수 있다. 또한 운동을 위해 친구들이나 이웃들과 아침 일찍 산책을 하는 사람들도 많다. 매일 아침 산책을 하면서 운동을 하는 것 외에도 살아가면서 만나는 다양한 일들에 대해서 다른 사람들과 논의하고 삶의 결정이나 갈등에 대해서 지원을 얻는다. 그런 산책 모임은 신체적 운동과 집단 치료의 결합이 되기도 한다.

윤리적으로 살아가는 것을 진지하게 생각한다면, 어떤 종류든 윤리 모임에 참여하거나 만들어보는 것이 도움이 될 것이다. 한 달에 한 번정도 만나서 최근 며칠 혹은 몇 주 동안 맞닥뜨렸던 윤리적 딜레마를 논의하면서 윤리적 딜레마의 해결을 서로 돕고 제대로 된 윤리적 결정을 내리도록 도움을 주고받을 수 있을 것이다.

윤리적 결정에 대해서 이렇게 집단으로 접근하는 것에는 몇 가지 장점이 있다. 먼저, 모임 구성원들의 윤리적 결정에 비추어서 자신의 행동과 결정을 돌아볼 수 있다. 둘째, 다양한 관점을 가진 많은 사람들이 윤리적 문제를 다각도에서 바라볼 수 있다. 윤리적 결정과 관련된 문제들을 열 명 혹은 열다섯 명이 머리를 맞대고 고민하면 한 사람이

고민하는 것보다 훨씬 좋은 답을 얻을 수 있을 것이다. 셋째, 규칙적인 만남을 통해서 어려운 윤리적 결정을 내리는 데 필요한 지원과 격려를 얻을 수 있다. 마지막으로, 좀더 윤리적으로 살고자 하는 사람들이 주위에 있으면 인생이 즐거워진다. 같은 마음을 가진 사람들과 함께 있으면 정서적 이점을 얻을 수 있다.

함께 모이는 경험을 유쾌하고 즐겁게 만들도록 노력하라. 식사를 하거나 운동을 하면서 만날 수도 있다. 어쨌든 가장 중요한 것은 편하고 유쾌한 환경에서 규칙적으로 윤리적 문제를 논의하는 것이다.

'바르게 살기' 모임의 운영방법

좀더 윤리적으로 살고자 하는 마음이 있고, 그럴 능력이 있으며, 규칙적으로 윤리적 문제를 논의하겠다고 동의한 사람들의 모임이 만들어지고 나면, 모든 이들의 경험을 극대화할 수 있도록 모임을 구조화할 필요가 있다.

첫째, 모든 구성원들이 서로를 대할 때 RRICC 원칙을 확실히 활용해야 한다. 윤리적으로 좀더 건전한 삶을 살려면 먼저 서로를 대하는 방법에서부터 시작해야 한다. 모임의 구성원들을 존중과 배려로 대하는 것은 필수다. 성실과 책임, 그리고 능력을 유지하는 것 또한 관계 속에서 중요한 필요조건이다. 누군가가 대화나 행동 중에 RRICC 원칙을 위반한다면 조심스럽게 교정적 피드백을 해줄 필요가 있다.

둘째, 모임은 안건 개발에서부터 시작하라. 구성원 각자가 논의하고 싶은 주제 목록을 생각해보는 것도 좋다. 주제들이 겹칠 수도 있지만, 중요한 것은 모든 이들의 문제와 관심사가 골고루 논의되도록 하는 것이다. 한 사람 혹은 몇 명의 사람들이 모든 기회를 독점하지 않도록 해야 한다. 모든 사람들이 거의 같은 비율로 기회를 얻을 수 있도록 해야 한다.

셋째, 가능한 한 안건을 제대로 다루도록 하라. 그러나 모임은 반드시 정시에 시작하고 끝내라. 이것은 서로의 시간을 존중하는 일이다. 이렇게 해야 사람들이 지속적으로 모임에 참여할 수 있다.

마지막으로, 모임을 끝내기 전에는 토론한 내용을 검토하고 모임 중에 알게 된 윤리적 교훈을 다시 확인하라. 논의된 내용을 검토하는 데도 역시 RRICC 렌즈를 사용할 수 있다.

이런 모임을 운영하는 데 특별히 옳고 그른 방법은 없다. 위에서 제안한 것들은 지침을 주기 위해 제시된 것뿐이다. 모임 구성원들의 요구를 두루 충족시킬 수 있는 방식으로 모임의 구조와 토론방식을 조정하도록 하라. 중요한 것은 규칙적으로 만나야 한다는 것, 더 윤리적으로 살기 위해 서로서로 지원을 해주어야 한다는 것, 즐거워야 한다는 것이다. 모든 이들에게 즐겁지 않고 가치가 없다면 그것을 문제로 삼고 해결해야 한다. 그러지 않으면 그 모임은 오래가지 못할 것이다.

로마는 하루아침에 이루어지지 않았다는 것을 기억하라

윤리 근육을 키우고 어려운 결정을 잘 내리기 위해서는 비윤리적 결정을 내릴 때도 있다는 점을 명심해야 한다. 어느 누구도 매번 바른 결정만을 내릴 수는 없다. 사실 무엇이 올바른 결정인지 알면서도 그 대가가 너무 커서 그렇게 하지 않기로 결정하는 때도 있을 것이다. 자신에 대해서 인내심을 가질 필요가 있다. 윤리 근육을 키우는 데는 시간과 노력이 든다는 것을 명심해야 한다. 윤리 근육을 키우는 과정이란, 반복적인 사고와 문제 해결, 그리고 결코 완벽하지 않은 의사결정이 지속되는 과정이라고 생각하면 도움이 될 것이다. 이것은 매우 중요한 사실이다. 자신이 기대한 만큼 변화하지 못했을 때에도 지나치게 낙담하거나 중단해서는 안 된다. 이런 일은 원래 시간이 걸리게 마련이다. 한 번의 실패 때문에 근육 키우기를 포기할 필요는 없고, 포기해서도 안 된다.

게다가 올바른 방향으로 추구한 노력들은 그것이 어떤 결과를 낳았든 간에 아무것도 하지 않는 것보다는 훨씬 낫다. 윤리적 문제를 더 진지하게 고민하고, RRICC 모델을 활용하고, 비슷한 생각을 지닌 사람들과 논의하는 이 모든 과정들은 아무것도 하지 않는 것보다 당연히 좋은 결과를 가져온다. 비록 결과를 받아들이기 두려워 일부러 바른 선택을 하지 않기로 결정했다 하더라도, 윤리적 도전들에 대해서 고심하고 이 책을 읽기 전에는 인식하지 못했던 윤리적 문제들을 인식하게 되었다면, 올바른 방향으로 큰 걸음을 내디딘 것이다.

끊임없이 평가하라

윤리 근육을 키우기 위해서는 자신이 내리는 결정을 계속해서 평가해야 한다. 그래서 미래에 더 나은 결정을 내릴 수 있는 방법을 모색해야 한다. 어떻게 자신의 결정을 평가할 수 있을까? 지원모임에 참여하면 규칙적인 평가를 해줄 사람들을 얻을 수 있다. 주변 사람들에게 평가를 부탁할 수도 있다. 평가를 지속적으로 할 수 있는 방법은 다양하다. 중요한 것은 자신의 결정과 진보를 지속적으로 평가하겠다는 의지다.

윤리 근육을 키우기 위해서 이제 어떻게 해야 할까? 더 나은 윤리적 결정을 내리기 위해서 해야 할 일을 다섯 가지 이상 열거해보라.

누구의 조언을 얻고 싶은가? 무엇을 읽고 싶은가? 어떻게 자신의 삶을 바꾸어나갈 것인가? 정말로 어려운 윤리적 딜레마에 맞닥뜨리기 전에 윤리 근육을 키우기 위해서 현실적으로 무엇을 할 수 있는가? 당신의 행동 계획은 무엇인가?

어려운 윤리적 결정 사례들

일상적인 결정들을 윤리적인 결정으로 받아들이고, 매순간 윤리적으로 살아가는 일에 익숙해지면, 당신은 어려운 윤리적 딜레마를 만날 준비를 제대로 마친 것이다. 이제 윤리 근육이 생기게 될 것이고, 힘든 윤리적 딜레마의 도전을 받아들일 준비가 된 것이다. 부부간의 외도, 직장에서의 비윤리적인 관행, 타인보다는 자신을 위해서 돈을 쓰는 문제 등 다음의 사례들은 매우 흔하지만 어려운 윤리적 결정들이 어떤 것인지 보여줄 것이다.

부부간의 외도

부부간의 정절은 확실히 윤리적인 문제다. 표면상으로는 누구나 부정(不貞)은 비윤리적인 행위라고 생각할 것이다. 그러나 다양한 윤리적 접근을 활용하면, 부정에 대해서도 여러 가지로 생각해볼 수 있다.

예를 들어, 절대적 도덕률에 따르면 외도는 항상 잘못된 것이며 그러므로 비윤리적인 행위다. 그러나 공리주의적 접근에 따르면 관련된 사람들 대부분이 외도로 인해 더 행복을 느낀다면 비윤리적인 행위가 아닐 수도 있다. 자기 중심주의적 접근 역시 본인이 편안하고 그 행위를 정당화할 수 있기만 하면 외도도 괜찮다고 볼 것이다. 문화 상대주의적 접근에서는 부부간의 부정이 윤리적인가 그렇지 않은가를 결정하기 전에 먼저 민족적, 문화적, 종교적 요소 등을 반드시 고려해야 한다. 외도가 정당화되는 하위문화가 있는 반면, 그렇지 않은 문화도 있기 때문이다.

부부간의 부정을 윤리적으로 논하는 것이 아주 복잡할 수밖에 없는 상황들도 많다. 예를 들면, 당신의 배우자가 신체적, 정서적으로 극도로 당신을 학대하는 사람이라고 가정해보자. 게다가 이 사람은 지나치게 술을 많이 마시며 규칙적으로 외도까지 일삼는다. 이런 배우자라면 당신과 아이들을 버리고 몇 달 혹은 몇 년씩 사라져버리기도 할 것이다. 이혼하지는 않았지만 당신은 이혼당한 것처럼 느낄 수도 있다. 이런 상황에서 당신이 외도를 하는 것은 윤리적으로 정당화된다고 생각할 수도 있다.

또 다른 시나리오로, 당신의 배우자가 사고나 심각한 만성질환으로 심한 장애를 갖게 되었다고 가정해보자. 그 장애로 인해 성적인 관계나 다른 개인적인 관계를 갖지 못하게 되었다. 당신을 사랑하는 배우자는 외도라도 해서 당신의 성적, 정서적 욕구를 충족시키라고 말한다. 당신의 배우자가 혼수상태에 놓인 채 생명유지장치에 의존하여 살아가고 있다고 가정해볼 수도 있다. 당신의 배우자는 의식을 되찾을 가망이 없다. 이런 상황이라면 외도가 정당화될 수도 있다.

이런 사례들을 보면, 사려 깊게 결정을 내리기 위해서는 결정을 내리기 전에 특정한 윤리적 딜레마와 관련한 사실들을 모두 고려해야 함을 잘 알 수 있다. 모든 외도가 같은 것은 아니기 때문이다.

또한 관련 사실들을 모두 분석할 뿐 아니라 윤리에 대한 다양한 접근법들도 살펴봐야 한다. RRICC 렌즈를 통해서 외도를 생각해보는 것도 필요하다. 이 책에서 강조한 다섯 가지 윤리 원칙들을 활용하여 외도를 어떻게 볼 수 있는지를 다음에 제시했다.

존중 외도를 하면서 다른 사람의 권리, 존엄, 그리고 감정을 존중할 수 있을까? 상황에 따라 다르겠지만, 외도를 하다 보면 여러 사람들(당신의 배우자, 상대방의 배우자, 당신의 자녀, 상대방의 자녀)을 존중하지 못할 가능성이 높다. 그러나 당신의 배우자가 장애가 있으며 당신의 배우자가 당신이 다른 사람과 관계를 갖기를 원한다면 당신의 외도는 배우자에게 오히려 치료가 될 수도 있다.

책임 외도는 당신의 사고와 행동에 대한 책임에 어떤 영향을 줄까? 아마도 가족과 직장에 대한 의무를 회피하면서 무책임하게 행동할 수도 있다. 외도를 들키지 않으려고 너무 신경 쓴 나머지 타인에게 해야 할 여러 가지 역할과 의무, 그리고 약속을 게을리 할 수도 있다. 그리고 자신의 행동에 대한 책임을 지려 하기보다는 그것을 다른 사람의 탓으로 돌릴 가능성이 있다.

성실 당신은 외도하는 동안 얼마나 정직하고 공정하고 정의로울 수 있는가? 외도는 거짓을 불러온다. 거짓말을 해야 외도를 들키지 않을 것이기 때문이다. 외도를 함으로써 당신은 얼마나 정직하지 못한 생활을 하게 될까? 관련된 당사자들(배우자와 자녀들)에게 공정하게 행동할 수 있을까? 외도가 발각되고 나면, 당신에게 중요한 사람들이 다시 당신을 신뢰하게 될까?

능력 외도를 하는 사람들은 자신의 일을 비롯한 여러 의무들을 게을리 하는 경우가 많다. 그 관계에 너무 몰두한 나머지 직장에서나 가정에서 더 이상 능력을 발휘하지 못할 수도 있다. 정신이 산만하여 운전조차 제대로 하지 못할지도 모른다. 외도는 배우자, 부모, 직장인, 운전자 등으로서의 당신의 능력에 어떤 영향을 주게 될까?

배려 외도는 타인을 배려하는 마음에 어떤 영향을 줄까? 배우자와 자녀를 향한 당신의 감정에 어떤 영향을 줄까? 흥분과 쾌락과 외도를 숨기려는 노력 때문에 다른 사람의 욕구와 바람에 대해 무뎌지지는 않을까?

외도라는 질문에 대해서 다양한 윤리적 접근법을 적용해보고 RRICC 모델을 사용하여 상황을 평가한 후에 신뢰할 만한 사람들과 그 상황에 대해서 논의해보라. 이런 문제를 '바르게 살기' 모임의 주제로 삼을 수도 있다.

윤리적 의사결정 접근법을 활용한다고 해서 늘 올바른 결정을 내린다는 보장은 없다. 하지만 적어도 이렇게 도전적이고 흔하지만 어려운 윤리적 딜레마가 지닌 의미를 생각해볼 가능성은 높아진다.

직장에서의 비윤리적 관행

직장에서 비윤리적이라고 생각되는 행동을 강요받는 경우도 있다. 식품산업에 종사하는 사람이 자신은 먹지 않을 만한 음식을 만들거나 배달할 수도 있다. 혹은 상사로부터 고객이나 다른 사람들에게 거짓말을 하도록 지시받을 수도 있다. 다른 사람에게 해롭거나 치명적일 수도 있다고 생각되는 상품을 만드는 회사에서 일할 수도 있다.

직장에서 생길 수 있는 정말로 어려운 윤리적 딜레마가 어떤 것인지 감을 잡는 데 다음 사례들이 도움이 될 것이다.

팀의 이야기

팀은 고급 레스토랑에서 바텐더로 일한다. 그는 최신 시설을 갖춘 장소에서 매일 수백 명의 사람들에게 술을 제공한다. 시간이 흐르면서 그는 단골고객들에 대해서 알게 되었다. 술을 마신 사람들은 그에게 부부간의 부정이나 직장 문제 등 자신의 개인적인 문제와 갈등을 털어놓기도 한다. 그는 자신이 듣는 정보들을 알고 싶지도 않고, 그 정보를 가지고 어떻게 하겠다는 생각도 없다. 그런데 그의 고객들 중 많은 수가 음주와 관련된 문제가 있거나 지나친 과음을 한다는 것을 알게 되었다. 그러고도 그들은 운전을 해서 심각한 사고를 일으킬 위험에 처해 있다. 팀은 직업의 특성상 어쩔 수 없이 자신이 그들의 음주 문제와 개인적 문제에 관여하고 있다고 느낀다. 그는 바텐더라는 일을 즐기지만, 일 때문에 자신이 어려운 윤리적 딜레마에 빠져 있다고 생각한다. 그는 고객 중의 누군가가 자신이 만들어준 술을 마신 후 끔찍한 교통사고를 당하게 되는 날이 올까 두렵다. 또 고객의 외도에 대해서 알고 있다는 이유로 고객의 배우자가 찾아오는 날이 오지 않을

까 염려한다. 그리고 만취한 손님이 무사히 집에까지 갈 수 있을지 걱
정한다.

캐롤의 이야기

캐롤은 멋진 고급 레스토랑에서 페이스트리를 만드는 요리사다. 그
레스토랑에서 그녀는 봐서는 안 될 온갖 행동들을 보고 있다. 가령, 동
료가 비위생적으로 음식을 다루는 것도, 먹고 남은 음식이 다시 제공
되는 것도 목격한다. 자신은 바르게 일하려고 노력하지만, 요리장은
그녀에게 약간 상하거나 먹을 수 없는 재료들을 쓰라고 요구하기도
한다. 그런 요구를 거부하면 직업을 잃을지 모른다. 다른 레스토랑에
서 일하는 친구들에게 자신의 고민을 이야기하면 그들은 어느 곳이나
마찬가지라고 말한다. 그들은 그녀가 너무 이상주의적이며 그 산업
전체가 그런 식으로 부패했다고 말한다. "그걸 참을 수 없다면 네가
나가야 하는 거야."라고 그들은 말한다. 그러나 그녀는 훌륭한 페이스
트리 요리사이고, 새로운 직업을 시작하고 싶은 마음이 없다. 게다가
자신과 장애가 있는 남편을 부양하기 위해서는 봉급이 필요하다.

로버트의 이야기

로버트는 한 투자회사에서 증권 중개인으로 일한다. 그는 증권 구
매와 기타 금융 문제에 대해 많은 사람들에게 조언을 해준다. 그런데
그의 회사는 가끔 직원들에게 특정한 증권을 집중적으로 고객에게 권
유하도록 종용한다. 그런 금융상품의 판매로 엄청난 이득을 얻기 때
문이다. 증권 구매에 대해서는 거의 아는 게 없는 가엾은 고객들에게
특정 상품을 사도록 권하면 그들은 거의 질문도 하지 않고 회사가 제

공하는 조언을 신뢰한다. 만일 정직하게 조언을 한다면 그는 직업을 잃게 될 것이다. 그는 증권 중개인으로 일하는 것이 즐겁고 앞으로의 전망도 좋기 때문에 문제를 일으키고 싶지 않다. 게다가 그는 갓난아기도 있고, 아내는 아이를 직접 키우고 싶어서 일을 그만두고 싶어한다. 따라서 지금은 직장을 그만둘 수가 없다.

카를로스의 이야기

카를로스는 다양한 군사무기를 제조하는 회사에서 일한다. 그는 우수한 엔지니어이고 훌륭한 직원이다. 그런데 그는 상사와 고위관리들이 돈을 남겨서 큰 이윤을 얻으려고 다양한 방식으로 일을 안이하게 처리한다는 것을 알게 되었다. 카를로스는 이러한 비용 절감 전략들이 회사가 제조하는 상품의 효과에 심각한 문제를 일으킬 것이라고 우려한다. 무기 시스템, 군사용 비행기 등이 실전에서 제대로 작동하지 않아서 수많은 군인들을 죽음으로 몰고 가지 않을까 걱정스럽다. 자신의 걱정을 상사에게 돌려서 이야기하자 그런 일까지 신경쓰지 말라는 답변이 돌아왔다. 카를로스는 자신의 일을 사랑한다. 그런데 진실을 말하면 직장을 잃고 희생양이 될 것 같다. 자신의 침묵은 그 문제를 지속시키는 데 일조하는 것이며, 사람들이 상해를 입거나 사망될 가능성이 있다는 것도 안다.

이상의 사례들을 보면 직장에서 맞닥뜨릴 수 있는 윤리적 도전들이 어떤 유형인지를 잘 알 수 있다. 이 경우 모두 바르게 살려고 하면 직장이나 직업을 잃어버릴 수도 있다. 직장을 잃는 것은 가족과 다른 이들에게도 큰 의미를 지닌다. 당신이라면 이런 어려운 딜레마들을 어떻게 해결하겠는가?

쉽게 답을 찾을 수 있는 문제들이 아니다. 하지만 책에서 논의한 원칙들을 따르면 좀더 나은 결정을 내리는 데 도움이 될 것이다.

먼저, 딜레마와 관련된 사실들을 모두 수집하라. 그러고 나서 직면한 윤리적 문제에 대해 다양한 윤리적 접근들을 적용해볼 수 있다. 다양한 접근법들은 다양한 문제들을 고민하는 데 어떻게 도움이 될까? 또한 RRICC 렌즈는 어떤 도움을 줄까? 남을 존중하며, 자신의 행동에 대해 책임을 지고, 성실을 지키고, 능력을 유지하며, 타인을 배려하는 마음을 표현할 방법은 없을까? 당신이 속한 모임이나 신뢰할 수 있는 사람들과 함께 그 딜레마에 대해 논의해보라. 만약 바른 일을 했을 때 생길 수 있는 결과가 직장이나 직업을 잃는 것이라면 당신은 그 결과를 받아들일 수 있을까? 바른 일을 했다는 뿌듯함만을 가진 채 살아갈 수 있을까? 만일 당신이 사실을 말하면 죽음이나 심각한 상해를 방지할 수 있는 경우, 그런 사실을 알면서도 바른 일을 하지 않고 살아갈 수 있을까?

돈을 쓰는 것과 관련한 윤리적 딜레마

사람들은 누구나 자신의 욕구와 취미에, 휴가에, 차, 옷, 전자제품 등 다양한 성인용 장난감에 많은 돈을 쓰려는 욕구를 갖고 있다. 우리는 돈을 관리할 전략을 찾아야 한다. 자원은 무한히 주어지는 것이 아니기 때문이다.

여기서 우리는 돈을 어떻게 쓸 것인가에 관한 어려운 윤리적 딜레마에 처하게 된다. 가령, 당신이 별장을 산다면 자녀 교육을 위해 돈을 저축할 수 없게 된다. 매일 아침 출근 길에 비싼 에스프레소 커피를 마신다면 노숙자 숙소에 돈을 기부할 수 없다.

당신은 타인들의 욕구와 바람을 위해 얼마나 자신의 욕구와 바람을 희생할 의향이 있는가? 자신의 욕구와 바람, 그리고 다양한 다른 사람들의 욕구와 의향 사이에서 제한된 자원을 어떻게 관리해야 할까? 이 질문들은 매우 어렵고도 힘든 윤리적 딜레마를 불러일으킨다.

다음에 제시된 몇 가지 재정적인 문제들을 보면 돈을 쓰는 것이 어떤 윤리적 딜레마를 일으킬 수 있는지 잘 알 수 있을 것이다.

헥터의 이야기

헥터와 그의 아내는 좋은 지역에 자기 집을 살 수 있을 만큼의 돈을 저축했다. 마침내 넓은 공간에서 생활할 수 있을 것이고 아이들은 좋은 학교에 다닐 수 있을 것이다. 게다가 새 집에는 충분한 공간이 있어서 아이를 또 가져볼까 고려해볼 수도 있다. 그런데 헥터의 어머니가 갑자기 중병에 걸렸다. 헥터의 아버지는 몇 년 전에 세상을 떠났고, 저축해둔 돈도 거의 없다. 헥터는 외동이어서 어머니를 도와줄 형제자매도 없다. 어머니의 질병을 치료하고 회복하는 데는 돈이 많이 드는데, 그 비용 대부분은 보험이 적용되지 않는다. 헥터는 어머니를 돕기 위해 자신이 사려고 계획했던 집을 사지 말아야 하는가 고민한다. 집을 사지 않으면 아이들은 변두리 학교에 그냥 다녀야 할 것이고 안전하지 못한 지역에서 살게 될 것이다.

밥의 이야기

밥은 도박을 하다 빚을 져서 고약한 사람에게서 돈을 빌리게 되었다. 그의 도박 문제는 어제 오늘의 일이 아니다. 여러 차례 치료도 받았지만 모든 노력이 허사였다. 밥은 지금 도박 빚으로 마권업자에게 5만 달러 이상의 돈을 지불해야 한다. 그 빚을 갚지 못할 경우, 그는 심한 폭력과 살해의 위협에 처할 것이다. 그는 어머니에게 도움을 청했다. 어머니는 다리 수술을 하고 회복 중인 노인이며, 장애가 있다. 어머니 역시 돈이 별로 없기 때문에 아들을 돕게 되면 저축해놓은 것을 모두 날려버리게 된다. 다른 형제들은 이번에 밥을 도와준다 해도 밥이 결코 변하지 않을 사람이라는 걸 확신하고 있다. 그동안 아는 모든 사람들에게서 돈을 빌려 썼기 때문에 이렇게 절망적인 상황에서 그를 도와주려는 사람은 아무도 없다. 오늘 처한 문제에서 벗어난다 해도 내일이면 더 큰 문제에 빠질 것이라고 사람들은 입을 모은다. 밥의 어머니는 어떻게 해야 할까?

킴과 호세의 이야기

킴과 호세는 딸 안젤리카가 좋은 교육을 받고 대학에 갈 수 있도록 수년 동안 정말 열심히 일하며 돈을 저축했고, 많은 희생을 했다. 대학 1학년 때, 안젤리카는 그 지역 노숙자들에게 음식과 숙소를 제공하는 봉사모임에 가입했다. 몇 달 후 안젤리카는 노숙자들의 어려움에 너무 마음이 아파 학교를 그만두고 대학 학비로 모아둔 돈을 노숙자 쉼터에 기부하고 싶다고 한다. 그녀는 자신이 받는 교육은 사치이며, 다른 사람을 위한 음식과 숙소는 없어서는 안 되는 것이라고 생각한다. 그녀는 자신보다 노숙자 쉼터가 그 돈을 제대로 쓸 수 있을 거라고 생각한다. 킴과 호세는 어떻게 해야 할까?

이런 사례들, 이와 유사한 사례들에서 가장 바른 결정을 하기 위해서는 이 책에서 정리한 윤리적 의사결정 절차를 따를 수 있다. 다시 말하지만, 관련된 사실들을 모두 수집하는 일부터 시작해야 한다. 그러고 나서 다양한 윤리적 접근법을 고려해볼 수 있다. 다음으로 RRICC 모델을 활용하여 어떤 행동을 해야 타인을 존중하고 자신의 성실성뿐만 아니라 행동에 책임을 질 수 있을지 고려해볼 수 있다. 또한 자신의 행동이 자신의 능력과 관련자들에 대한 배려에 어떤 영향을 줄지 생각해볼 수 있다. 다음으로는 '바르게 살기' 모임이나 믿을 수 있는 다른 사람들과 그 딜레마를 논의해본다. 마지막으로 결정을 내리고, 얼마 후 결정을 돌아본다.

다시 말하지만, 여기 제시된 지침을 따른다고 해서 분명한 답을 찾을 수 있는 것은 아니다. 문제가 어려우면 어려울수록 쉽고 올바른 판단을 내리기가 어려워진다. 그러나 이런 과정을 거치면 정말로 도전적인 윤리적 딜레마 앞에서 최선의 결정을 내릴 수 있을 것이다.

생 | 각 | 해 | 봅 | 시 | 다

당신이 이 책을 읽겠다고 결정한 이유를 생각해보라. 어떤 문제, 혹은 윤리적 질문이나 딜레마 때문에 이 책에서 윤리적 지침을 구했는가? 어쩌면 당신은 정말 어려운 윤리적 딜레마에 맞닥뜨렸거나 그렇게 될 위험에 놓여 있을지 모른다. 그렇다면 그게 무엇인가?
미래에 당신이 처할 수도 있는 도전적인 윤리적 딜레마는 어떤 것인가? 분명하게 마음에 떠오르는 것이 있는가? 마음에 떠올랐다면 다음 질문에 답을 해보자.

1. 그 윤리적 딜레마는 어떤 것인가?
2. 당신이 택할 수 있는 안들은 무엇인가?

3. 윤리에 대한 여러 가지 접근법들은 당신의 결정에 각기 어떤 지침을 제공하는가?

4. 당신에게 적합한 접근법들(자기 중심주의, 공리주의, 공동선 등) 중에서 어떤 접근법이 현재 당신이 처한 딜레마에 가장 적합하다고 생각하며, 그것은 당신에게 어떤 지침을 주는가?

5. RRICC 모델을 활용하여 당신의 딜레마를 생각해보라. 존중, 책임, 성실, 능력, 그리고 배려가 당신의 결정에 미친 영향이나 역할은 무엇인가?

6. 그 윤리적 딜레마에 대해 누구와 이야기할 수 있는가? 그 사람은 당신에게 어떻게 하라고 제안하는가?

7. 결정을 내리고 행동하라.

8. 이제 당신이 결정한 것을 반성해보라. 무엇이 좋았는가? 무엇이 잘못되었는가? 앞으로 같은 딜레마에 처한다면 어떻게 하겠는가?

9. 당신 삶의 또 다른 큰 윤리적 딜레마들에 이 과정과 모델을 활용해보라.

결론

이 장은 정말 어려운 윤리적 결정을 내리기 위한 윤리 근육 키우기에 초점을 두었다. RRICC 주문, '바르게 살기' 모임 참여, 지속적인 평가와 노력 등이 윤리 근육을 키우고 굳건한 윤리적 결정을 내리는 데 필요하다는 것을 기억해야 한다는 점을 강조했다. 그리고 마지막으로 아주 어려운 윤리적 딜레마가 될 수 있는 몇 가지 공통의 주제들을 살펴보았다.

지금까지 배운 것을 활용하여 다음과 같은 어려운 윤리적 질문에 답해보자.

1. 당신의 자녀가 대학 입학시험에서 부정행위를 저질렀다는 것을 알았다. 당신의 자녀는 부분적으로는 그 시험 결과 때문에 아주 경쟁력 있는 대학에 입학 허가를 받았다. 당신은 어떻게 하겠는가? 그 이유는 무엇인가?

2. 해고 후 필사적으로 일을 찾던 중 당신은 좋은 일자리를 얻게 되었다. 1년 동안 그 일에 헌신하겠다고 동의했는데, 세 달 후 또 다른 회사에서 훨씬 좋은 조건을 제안받았다. 당신은 어느 곳을 택하겠는가?

그 이유는 무엇인가?

3. 의사인 당신에게 제약회사가 경비를 모두 지불하여 이국적인 휴
양지로 여행을 보내주겠다고 한다. 그 여행을 받아들이면 당신은 환
자들에게 그 회사의 약을 권해야 한다. 이것은 당신의 고객이나 회사
에게는 최선이 아닐 수도 있다. 그런데 당신의 배우자는 정말로 이 여
행을 가고 싶어한다. 어떻게 하겠는가?

Chapter 9

마지막 과제들

이제 마지막 장에 다다랐다. 흔들리지 않는 윤리적 결정 과정을 평가하고 실행하는 방법이 전보다 명확해졌기를 바란다. 당신은 이제 일상적 삶에서 생겨나는 윤리적 문제와 딜레마에 훨씬 더 민감해졌을 것이며, 정말로 어려운 윤리적 결정을 내리는 데 도움이 되는 전략들을 갖게 되었다. 지금, 그리고 앞으로도 흔들리지 않는 윤리적 결정을 내릴 도구를 갖추었다. 그렇다면 이제 무엇을 할 것인가?

이 책을 주의 깊게 읽으며 여기서 무언가를 배우는 것과 책을 내려 놓은 후 당신이 배운 것을 삶에 적용하는 것은 완전히 별개의 문제다. 이 경험이 당신의 삶과 결정에 궁극적으로 도움이 되도록 하려면 당신은 무엇을 어떻게 해야 할까? 이제 당신은 어디로 가야 할까? 당신이 가는 길에 나타날 수 있는 장애물은 무엇일까? 필요하다면 어디서 더 도움을 받을 수 있을까?

이 장에서는 이런 질문들을 다루게 될 것이다.

윤리적인 삶 앞에 놓인 함정을 예방하는 방법

윤리적으로 살아가는 데 관심이 있는 이들에게 생길 수 있는 함정은 다양하다. 앞으로 다가올지 모를 함정들을 예방하기 위해서는 다음의 것들을 기억하도록 하자.

1. 완고하지 않을 것

윤리에 관심이 있고 윤리적 원칙을 따르려고 하는 사람들은 완고해질 위험이 높다. 전부가 아니면 아예 포기하는 식으로 윤리적 딜레마를 생각하는 사람도 있다. 또한 곧이곧대로 생각하고 행동하는 것을 최선이라 생각하는 사람들도 있다. 그러나 너무 완고한 사고방식은 궁극적으로는 타인을 존중하지 않고 그들의 의견과 관점을 배려하지 않는 것이다. 윤리적인 삶을 산다는 것은 좀더 겸손해지고 모든 것을 아는 척하는 사람이 되지 않는다는 것을 뜻하기도 한다. 언제나 바른 사람은 오히려 윤리적이기 어렵다. 언제나 바른 사람은 함께 지내기도 어렵다.

2. 오만하지 않을 것

윤리적인 삶을 사는 데 초점을 맞추는 사람들은 오만해질 위험이 있다. 그들은 자신이 이런 저런 상황에서 어떻게 해야 하는지를 아는 몇 안 되는 사람 중 하나라고 생각할 수 있다. 자신만이 어려운 상황에서 무엇이 올바른 일인지를 제대로 이해한다고 생각할 수도 있다. 이런 오만함은 타인을 존중하고 배려해야 하는 RRICC 원칙을 위배하는 것이다. 다시 말하지만 좀더 윤리적으로 살려고 진심으로 노력한 결과는 겸손함일 것이다. 오만한 사람은 타인을 존중하고 배려하지 않는다. 게다가 오만한 사람 곁에 있는 것은 즐겁지도 유쾌하지도 않다.

3. 우유부단하지 않을 것

윤리적으로 살려고 노력할 때 만날 수 있는 또 다른 위험은 우유부단함이다. 당신이 내려야 하는 여러 가지 결정이 갖는 윤리적 의미가 무엇인지를 모두 고려하려다 보면 너무나 많은 접근방식들 사이에서 이러지도 저러지도 못하는 상황에 놓일 수 있다. 주의 깊고 사려 깊게 윤리적인 분석을 하는 것은 중요하지만, 배운 것을 모두 활용하려다가 우유부단해지지 않도록 조심해야 한다. 자신이 늘 최선의 윤리적 결정을 내린다는 보장이 없음을 기억하라. 그러나 이 책에서 제시된 도구들을 활용하여 자신의 결정이 지닌 윤리적 의미에 민감해진다면 잘못된 결정보다는 바른 결정을 내릴 가능성이 높아질 것이다.

4. 끊임없이 노력할 것

행동은 쉽게 바뀌지 않는다. 이 책에서 논의된 절차와 모델을 활용하여 좀더 윤리적으로 살고자 한다면 윤리적으로 퇴보하지 않는 방법을 모색할 필요가 있다. 이 책에서 여러 번 언급된 것처럼, 좋은 의도와 동기가 있다는 것은 윤리적 결정을 내리는 방법을 향상시키려고 노력한다는 것을 의미할 뿐이다. 신체적인 건강을 유지하기 위해서는 끊임없는 노력이 필요한 것과 마찬가지로 윤리적인 건강을 유지하기 위해서도 규칙적인 노력이 필요하다. 그렇기 때문에 '바르게 살기' 모임에 참여하고 RRICC 주문을 따르는 것이 아주 중요하다. 또한 윤리적으로 퇴보하지 않는 데 도움이 될 만한 다른 전략들을 자신의 욕구와 생활조건 혹은 업무조건에 맞게 생각해낼 수도 있을 것이다.

5. 이용당하지 않도록 할 것

윤리적으로 살려고 노력하다 보면 제대로 대우받지 못하고도 참아야 하는 순간이 찾아올 수 있다. 당신이 언제나 바른 일을 하려고 노력하는 사람이라는 점을 사람들이 이용할 수도 있다는 의미다. 타인을 배려하고 정직하고 공정하며 자신의 사고와 행동을 책임지려고 노력한 탓에 오히려 최소한의 윤리만 지키며 살려는 사람들의 목표물이 될 수도 있는 것이다. 이런 문제에 민감해지면 다른 사람들이 당신의 노력을 이용할 수 있는 상황이나 환경을 최소화할 수 있을 것이다.

윤리적으로 사는 데 장애가 되는 네 가지

눈에 보이는 보상도 없이 윤리적으로 살기 위해 노력하는 것은 결코 쉽지 않은 일이다. 따라서 가끔은 그 노력을 그만두고 싶은 유혹을 느낄 수 있다. 윤리적으로 살려고 노력하는 가운데 흔히 만날 수 있는 몇 가지 장애물을 살펴보자.

1. 너무 큰 대가

윤리적인 삶을 사는 데 가장 큰 장애는 자신의 선택에 따라 대가나 희생을 치러야 한다는 점이다. 윤리적으로 삶으로써 생기는 대가는 어떤 것일까? 당신은 그런 대가를 감당할 수 있겠는가? 혹시 당신이 중시하는 우정이나 직장, 돈, 즐거움을 잃게 되는 건 아닌가?

대가가 없다면 윤리적으로 사는 일은 그리 어렵지 않다. 그러나 어려운 윤리적 결정을 내린다는 말은 당신이나 당신에게 소중한 사람들에게 해가 되는 결과를 가져올 수 있다는 의미이기도 하다. 당신의 인생에서 소중한 사람들이 당신에게 화를 내거나 당신 때문에 기분이 상하는 것은 분명 기분 좋은 일이 아니다. 자신의 한계를 정직하게 인정하는 것 역시 그다지 유쾌하지 않은 일이다. 국세청에 세금을 더 내러 가는 것이 신나는 일일 리 없다. 쾌락이나 승진, 혹은 금전적인 이득을 얻을 기회를 놓치는 것 역시 기분 좋은 일은 아니다.

바르게 산다는 것은 당신에게 손해가 될 수도 있는 일이다. 어려운 윤리적 딜레마 앞에서 바르게 살기로 결정하는 것이 정말 그럴 만한 가치가 있는 것인지 자문해볼 필요가 있다.

살아가면서 윤리적 딜레마를 만날 때마다 이득이 대가보다 많은지, 대가가 이득보다 많은지를 판단하기 위해서는 어느 정도의 손익(損益) 분석이 필요하다. 바르게 사는 일의 대가가 이익보다 많을 때는 비윤리적으로 살고 싶은 유혹에 처할 것이다. 비윤리적으로 살고 싶은 유혹과 충동들을 어떻게 극복하는가는 또 다른 문제다. 어려운 윤리적 결정을 내려야 할 때는 면밀한 계획을 세우는 것이 도움이 될 것이다.

2. 계획 부족

계획도 없이 행동을 변화시킬 수 있다고 믿는 것은 어리석은 생각이다. 사람들은 계획도 없이 자신의 짝을 찾고, 살을 빼고, 신체적 건강을 향상시키려다 실패한다. 윤리적인 삶을 사는 일도 마찬가지다. 의지만으로는 윤리적으로 살 수 없다. 계획이 필요하다. 정말로 어려운 윤리적 딜레마의 경우에는 특히 아주 면밀한 계획이 있어야 한다.

이 책은 RRICC 주문, 윤리적 딜레마를 사고하는 방식, 다른 이들로부터 지원을 받는 방식 등을 논의함으로써 계획을 세우는 데 도움을 주었다. 그러나 자신의 욕구, 인성, 생활조건, 그리고 작업환경 등에 맞게 이 지침들을 조정할 필요가 있다. 윤리적 딜레마를 잘 극복하는 방법에 대해 구체적인 계획을 세워야 한다. 윤리적 선택을 포기하고 싶은 유혹이 강하게 드는 정말 어려운 결정일 경우 특히 그러하다. 어려운 문제가 눈앞에 닥치기 전에 계획을 세우고 매순간 연습하라.

이 책을 읽으면서 배운 것들을 놓고 볼 때, 더 윤리적으로 사는 데 필요한 당신의 계획은 무엇인가? 당신의 계획은 현실적인가?

3. 비현실적인 기대

여기까지 읽어오면서 어쩌면 윤리적 딜레마를 극복하는 일에 비현실적 기대를 갖고 흥분해 있을지도 모른다. 그러나 변화에 대한 기대는 현실적으로 가져야 한다. 더 윤리적인 삶을 살겠다는 마음이 불타오르고 의지가 굳건해졌을 수는 있다. 그러나 윤리적 딜레마에 봉착할 때마다 늘 제대로 된 윤리적 선택을 할 수는 없는 것이 현실이다. 정말 힘든 윤리적 딜레마와 마주쳤을 때는 특히 그렇다. 현실적인 기대를 갖는다면 이상에 따라 살지 못할 때도 크게 실망하지는 않을 것이다. 실패하거나 실망한 후에도 자신을 일으켜 세워 다시 시작할 수 있을 것이다.

4. 도움의 부족

윤리적인 삶을 사는 것은 상당히 어려운 일이다. 다른 사람의 도움 없이는 거의 불가능하다. 거듭 강조하지만, 자신과 마찬가지로 좀더 윤리적으로 살려고 하는 사람들로부터 도움을 얻도록 하라. 가족이나 '바르게 살기' 모임의 구성원들로부터 도움을 얻을 수 있을 것이고, 독서를 한다거나 관련 웹사이트를 살펴보는 것도 유용할 것이다. 또한 윤리에 관한 강좌를 듣는 것 역시 도움이 될 것이다.

마지막으로 기억해야 할 세 가지

더 윤리적인 삶을 살려고 노력하는 데 있어서 마주칠 수 있는 함정을 예방하는 방법들과 윤리적인 삶 앞에 놓일 수 있는 장애물들을 살펴보았다. 이제는 더 윤리적으로 사는 데에 전념하는 일만 남았다. RRICC 모델을 활용하고, 다섯 단계 의사결정 과정을 따르고, 윤리에 관한 다양한 접근법들을 적용해보고, 비슷한 생각을 가진 사람들과 도움을 주고받아야 한다.

1. 관심을 행동으로 옮겨라

이 책을 읽은 것만으로도 당신은 윤리적 결정에 대해서 더 알고자 하는 일에 전념한 것이다. 이제 그런 관심을 행동으로 옮겨야 할 때다. 윤리적 문제와 딜레마에 더 민감하게 반응하고 모든 삶의 결정에서 올바른 윤리적 결정을 내릴 수 있도록 노력해야 한다. 그런 노력에 충분히 전념하기 위해서는 어떻게 해야 할까? 관심을 행동으로 옮길 수 있는 방법은 무엇일까?

2. 도구를 활용하라

좀더 윤리적으로 살려는 노력이 좀더 유용하고 생산적인 구조를 가지기 위해서는 이 책에 제시된 도구들을 활용할 필요가 있다. RRICC 주문, 윤리적 의사결정의 다섯 단계, 윤리에 대한 다양한 접근법 등은 모두 당신의 노력이 지속적으로 실행되도록 돕기 위해 만들어진 것들이다. 매일 매일 그 도구들을 활용하도록 노력하라.

3. 주변의 도움을 받아라

마지막으로, 노력에는 다른 사람들의 도움이 필요하다. 지원과 지침을 얻을 수 있도록 '바르게 살기' 모임을 꾸리거나 기타 비공식적인 노력을 하는 것이 도움이 될 것이다. 정말 어려운 윤리적 딜레마에 맞닥뜨렸을 때는 특히 그러하다. 더 윤리적으로 살기로 함께 노력할 사람이나 모임을 찾아라. 혼자서 하지 마라.

　좀더 윤리적으로 살겠다는 당신의 노력에 행운을 빈다. 당신이 이 책을 다 읽었다는 사실은 윤리적인 삶에 상당한 관심을 갖고 있으며, 자신과 주위 사람들을 위해 더 윤리적인 삶을 살기를 바라고 있음을 나타낸다. 그것은 더 윤리적인 삶을 향해 큰 걸음을 내디딘 것이다. 이제 길을 떠나 당신의 관심을 행동으로 옮겨야 한다.

　좀더 인간적이고 정의로운 세상을 만드는 데 도움이 되고자 하는 것은 고귀하고 가치 있는 목표다. 각자가 자신이 생활하고, 일하고, 노는 그 자리에서 노력한다면 이 세상은 좀더 나은 곳이 될 수 있을 것이다.

감사의 글

많은 사람들이 이 책을 완성하는 데 도움을 주었다. 이 책이 세상에 나오는 데 애를 써준 많은 사람들에게 감사의 마음을 전하고 싶다.

먼저, 이 책을 출판해준 뉴하빈저 출판사의 멋진 사람들에게 감사드린다. 매튜 맥케이 박사는 산타클라라 대학 전문직 개발 센터에서 정신건강 전문가들을 대상으로 진행하는 나의 윤리학 워크숍에 참석한 후 나를 찾아와 책을 출판하는 게 어떻겠느냐고 물었었다. 그것이 계기가 되어 이 책이 세상에 나오게 되었다. 출판사의 주엘리 캐스트워쓰, 멜리사 커크, 히더 미치너, 프레이시 칼슨, 트로이 두프렌, 브레디 칸에게도 감사의 마음을 전한다.

다음으로, 이 책을 출간하는 데, 그리고 내가 가르쳤던 윤리학 코스와 워크숍에 도움을 주었던 많은 사람들과 여러 센터에 고마운 마음을 전한다. 이 책의 프로젝트를 지원하고 기금을 마련해준 산타클라라 대학의 마쿨라 응용 윤리학 센터(센터장 커크 한슨 교수)가 큰 도움이 되었다. 데이빗 페리 교수는 이 책을 검토하고 논평을 해주었고, 연구 조교였던 라이언 보그덴, 캠런 칸, 마사 벨로, 그리고 산타클라라 대학과 스탠퍼드 대학에서 내 윤리학 강의를 수강했던 학생들은 윤리와 관련한 문제들에 대하여 좋은 아이디어와 생각해볼 만한 질문들, 통찰력 있는 논평들을 주었다. 산타클라라 대학 전문직 개발 센터와 심리학과, 스탠퍼드 대학 심리치료학과에도 고마움을 전하고 싶다. 유대인 모임 베쓰 암(Beth Am)의 랍비 자넷 마더와 스탠퍼드 대학의 토머스 쉬한 교수도 수많은 성경 구절과 성전 구절들을 참고하는 데 도움을 주었다.

셋째로, 내 삶에 다양한 방식으로 윤리적 본보기가 되어주었던 사람들인 헨리 맥코믹, 애너 맥코믹, 마가렛 콘돈, 메리 (플랜트) 보쉐민, 리 (플랜트) 스퍼듀티, 마르시아 (맥코믹) 플랜트, 존 수사, 소니 매누얼 교수, 스티브 프리벳, 존 프리벳, 폴 로케털리, 패트릭 라벨, 피터 메린다 박사, 엘리 골드파브, 매릴린 골드파브에게 감사의 마음을 전한다.

마지막으로, 내가 이 책을 쓰는 동안 사랑과 지원을 아끼지 않고 윤리적인 삶과 문제 해결의 좋은 모범을 보여주었던 나의 아내 로리와 아들 자카리에게 고마움을 전한다. 그들은 내가 가치 있는 삶을 살 수 있도록 옆에서 늘 도움을 주었으며, 인생에서 무엇이 가장 중요한 것인가를 늘 생각하도록 해주었다.

토머스 G. 플랜트